진보를 복기하다

진보를 복기하다

버리기 아까운 진보정책 11가지

ⓒ이정희 2016

초판　1쇄 발행일 2016년 2월 11일
초판　2쇄 발행일 2016년 2월 18일

지 은 이　이정희

출판책임　박성규
기획실장　선우미정
편집진행　유예림
편　　집　김상진 · 구소연
디 자 인　김지연 · 이수빈
마 케 팅　석철호 · 나다연
경영지원　김은주 · 이순복
제　　작　송세언
관　　리　구법모 · 엄철용

펴 낸 곳　도서출판 들녘
펴 낸 이　이정원
등록일자　1987년 12월 12일
등록번호　10-156
주　　소　경기도 파주시 회동길 198
전　　화　마케팅 031-955-7374　편집 031-955-7381
팩시밀리　031-955-7393
홈페이지　www.ddd21.co.kr

I S B N　979-11-5925-128-3 03340

「이 도서의 국립중앙도서관 출판예정도서목록(CIP)은 서지정보유통지원시스템 홈페이지(http://seoji.nl.go.kr)와 국가자료공동목록시스템(http://www.nl.go.kr/kolisnet)에서 이용하실 수 있습니다.(CIP제어번호: CIP2016002100)」

진보를 복기하다

버리기 아까운
진보정책 11가지

이정희

|차례|

1장

죽지 않고 일할 권리

기업살인처벌법

뒤숭숭한 꿈자리 털고 일어나
고운 아내가 챙겨준 새벽밥 먹고 일 나왔던 비계공 최씨
단단한 콘크리트 바닥에 떨어져 온 몸으로 꽃 피워놓고
다시는 집에 돌아가지 못합니다.

이렇게 나뉜 사랑
세상에 또 상사화로 핍니다.

— 김해화, 「이렇게 나뉜 사랑 – 상사화」

『김해화의 꽃편지』, 삶창(삶이보이는창), 2005.

40명이 죽었는데
벌금은 고작 2천만 원

2013년 5월, 여수 국가산업단지 대림화학에서 일용 노동자들이 사고를 당해 6명이 사망하고 11명이 중경상을 입었다. 화학약품 저장시설 안에 남아 있던 가스가 용접 불꽃에 폭발하면서 벌어진 일이다. 가스가 완전히 배출되었는지 점검하는 등의 안전조치 없이 작업 일정에 맞춰야 한다는 이유로 야간작업이 강행되던 중이었다. 화상을 입은 노동자는 구급차로 다섯 시간을 달려 서울의 화상 전문병원에 입원해야 했다. 화학공장들이 몰려 있는 여수산단과 그 인근에 화상 전문 치료시설이 없었기 때문이다. 생존자들이라고 온전한 것이 아니었다. 사고 현장에서 동료의 떨어져나간 팔을 거두어야 했던 그들이었다. 1년이 다 되어가도록 사고의 충격 때문에 심리치료를 받고 있다는 소식이 들렸다.

2008년 이천 냉동창고 폭발사건으로 40명이 사망하고 9명이 다쳤는데 현장소장은 징역 10월, 집행유예 2년에 벌금 100만 원, 회사 대표는 고작 벌금 2천만 원을 선고받았다. 사람의 목숨을 잃게 한 죄에 대한 형벌이 한 사람당 겨우 50만 원인 셈인가. 삼성전자의 반도체 생산라인에서는 최소 백여 명 이상의 백혈병과 암 환자가 생겨났다. 그러나 삼성전자는 오랜 기간 법적 책임을 인정하지 않고 배상을 거부하며 환자들과 가족들을 회유해 소송 포기를 종용하고 입을 다물 것을 강요했다. 사망한 황유미, 이숙영 씨에 대해 산업재해임을 인정한 판결이 2014년 확정된 이후 피해자 측과 중재가 시작되었으나 아직 결론이 나지 않은 채 분쟁이 계속되고 있다. OECD 가입국 중 산업재해사망률 1위, 산재사망자 수는 OECD 전체 평균치의 세 배, 이것이 오늘의 대한민국이다.

산업재해는
'기업살인: 기업이 저지르는 살인'

자로가 공자에게 묻는다. 정치를 하려면 무엇을 으뜸으로 삼아야 합니까.

공자는 올바른 정치는 반드시 정명(正名)에서 시작하여야 한다고 답한다. 사물 또는 생각에 붙이는 이름과 그 내용이 서로 일치되어야 한다는 것이다. 산업재해는 현행 법 체계에서는 업무상 과실치사로 규율된다. '아차' 실수해서 죽음이라는 결과가 나온 것이지 죽이려고 했거나 죽을 수도 있다고 생각하면서 한 것은 아니라는 판단에서다. 돈 때문에 사람을 위험한 일에 몰아넣는 것이 과연 과실치사라는 말 뒤에 숨을 수 있는 것인가.

'과실'은, 개인적이고 일시적인 잘못이어서 되풀이될 위험성이 없는 것을 말한다. 공모하는 경우도 없다. 형법은 본래 고의적인 행위를 처벌하는 데서 출발한 것이라 과실은 특별한 때에만 처벌한다. 과실은 나쁜 마음 먹고 한 것이 아니라 실수니까, 정신만 똑똑히 차리면 다시 벌어지지 않을 일이기에 엄벌할 필요도 적다. 그래서 살인죄와 과실치사의 형량은 천지 차이다. 다른 가중 사유가 없어도 살인은 징역 5년 이상, 무기징역, 사형에 처하게 법에 정해져 있지만, 죄질이 무거운 업무상 과실치사도 5년 이하 금고 또는 2천만 원 이하 벌금에 처해질 뿐이다. 현행 산업안전보건법상 안전보건의무 위반으로 사망의 결과에 이르면 7년 이하 징역 또는 1억 원 이하 벌금에 처하게 되어 있는데, 이는 형법상 업무상 과실치사보다 한 단계 높은 것이지만, 기본적으로 산업재해를 업무상 과실의 하나로 본 결과다.

그러나 죽을 수 있는 위험이 존재하는데도 기업의 수직적 의사결정으로 종속관계에 있는 노동자에게 작업을 지시한 결과 생겨난 죽음이, 한 사람만의 죽음으로 끝나는 일이 있던가. 백여 명이 넘는 삼성전자 노동자들이 반도체에 먼지 하나 묻지 않게 하기 위해 방진복 입고 일하면서 정작 자신들은 발암물질에 고스란히 노출되어 백혈병으로 죽어갔다. 산업재해의 특징은, 그 발생 원인이 사용자의 한 번의 실수에 있는 것이 아니라 사용자가 더 큰 수익을 낼 목적으로 만들어놓은 생산현장의 구조에 있다는 것이다. 산업재해는 불운한 한 노동자에게서 그치지 않고 또 다른 희생자를 찾아 끊임없이 반복된다. 기업이 사람의 생명을 귀하게 여기지 않고 돈만 좇는 비천한 자본주의의 길을 걸으면서, 안전장비 갖출 돈 아까워 생산현장에서 위험을 방치하고, 인건비 깎고 해고 쉽게 하려고 하청에 하청을 거듭하는 다단계 노동착취 구조를 되풀이해 만들어내기 때문에 산업재해가 끊이지 않는다. 노동자들의 목숨은 거들떠보지 않고 수익만을 추구하는 분명한 목적성, 안전은 아랑곳없이 책임은 하청으로만 떠넘기는 뚜렷한 일관성이 발견된다. 기업의 수직적 의사결정에 따라 구조적으로 반복 재생산되는 죽음. 이것을 '과실치사'로 평가해도 족한 것일까. '산업재해'라는 말조차, 이미 가치판단을 벗어버린 무색무취한 것이지 않나.

영국은 2007년 산업재해를 뿌리 뽑기 위해 '기업살인법(Corporate Manslaughter and Corporate Homicide Act)'*을 제정했다. 1987년 엔터프라이즈 여객선 침몰로 승객과 선원 188명 사망, 1997년 철도사고 자동경보시스템 문제로 7명 사망 155명 부상, 2001년 열차 선로 이탈 사고로 4명 사망 70여 명 부상 등, 기업의 과실로 인한 노동자와 시민의 사상이 이어졌다. 하지만 이 사고들에 대해 영국 법원은 과실치사마저 부정하거나 소액의 벌금형을 선고하는 데 그쳤고, 이에 분노한 영국노총과 시민단체들이 기업살인법 제정 운동을 벌였다. 기업살인법은 기업이 근로자 또는 공공에 대한 안전 조처를 제대로 하지 않아 사고가 발생했다면 기업에도 형사책임을 물을 수 있도록 하고, 사망 사고를 일으킨 기업에는 상한선 없이 벌금을 부과하도록

* 법의 첫 머리에 '잉글랜드와 웨일즈, 북아일랜드에서는 corporate manslaughter로, 스코틀랜드에서는 corporate homicide로 불리는 새로운 위법행위'를 처벌하는 법임을 명시하고 있다.

했다. 실제로 천문학적인 벌금을 무는 기업들이 나왔고, 이를 통해 영국의 산재 발생 비율은 해마다 감소했다고 보고된다.

우리도 기업살인법을 만들자는 주장이 나왔고, 2013년 환경노동위원회 야당 의원들과 민주노총이 참여한 가운데 법률안 제출 작업이 진행됐다. 그러나 정작 그 결과물은 그간 홍보해왔던 '기업살인법 제정안'이 아니라 '산업안전보건범죄의 단속 및 가중처벌에 관한 법률 제정안'이었다. '기업살인'이라는 단어를 쓰는 순간 통과될 가능성이 없다고 판단했던 것일까.

진보를 자임하는 정당조차, 그리고 민주노총조차 한국 정치에서 '기업살인'이라는 말을 공식 용어로 쓰자고 제안할 수 없다면, 먹고살려고 일하다가 죽어간 노동자들의 한을 말해줄 사람이 과연 누가 있나. 진보정당이 만들어내는 대안은, 말하지 못했던 사람들에게 말을 만들어주는 데서 시작된다. 산업재해는 산업발전에 수반되는 불가피한 사고라는 인식을 넘어, 기업의 살인적 행위로서 비용이 들더라도 근절되어야만 한다는 인식을 사회가 함께해야만 노동자들의 생명이 지켜지는 것 아닐까. 제대로 된 '이름'을 부르는 것이 그 시작이다.

03

노동자에게는 작업중지권을,
사용자에게는 기업살인처벌법을

산업재해를 뿌리 뽑으려는 접근은 두 측면에서 함께 이뤄졌다.

첫째, 노동자에게 '작업중지권'을 부여하여 노동자 자신에게 위험한 작업에서 벗어날 수 있는 판단권을 주는 것이다.

　둘째, 사망이나 중상해의 결과가 벌어지면 '기업살인'으로 규정하고 무거운 책임을 지우는 것이다.

노동자의 작업중지권이야말로 산업재해를 막는 핵심요소다. 현재의 산업안전보건법은 사업주에게만 작업중지결정권을 부여하고 노동자에게는 산업재해가 일어날 급박한 위험으로 작업을 중지하고 대피했을 때 지체 없이 상급자에게 보고할 의무만 지울 뿐이다. 이런 법 아래서는, 보고받은 사업주가 작업해도 되겠다고 판단해서 작업 지시를 내렸는데 노동자가 위험해서 못하겠다고 버티다가는 꼼짝없이 찍힌다. 오늘 일당 날리는 것은 물론이고 당장 내일부터 나오지 말라고 하니 위험해도 어쩔 수 없이 일하다가 생명을 빼앗긴다. 사업주가 노동자들 안전은 뒷전으로 물리고 공기 늘어나면 추가 비용이 얼마인지 머릿속에서 계산기 두드릴 때 사고가 난다. 노동자의 판단 기준은 다를 수밖에 없다. 돈과 일자리 압박에 시달리지만 않는다면 누가 목숨 내놓고 일한다 할 것인가. 사업주에게 책임을 무겁게 지우는 것도 필요하지만, 돈 때문에 목숨을 빼앗기는 일을 막으려면 바로 노동자 스스로에게 위험한 작업을 중지할 권한을 부여하고 작업을 중지해도 불이익을 받지 않도록 보장하는 것이 가장 중요하다.

노동자의 작업중지권을 김선동 의원이 대표발의한 **산업안전보건법 개정안**에 명시했다.

이 개정안에 따르면, 산업재해의 위험이 있을 경우 노동자는 사업주에게 긴급 안전·보건 진단을 요구할 권리가 있고, 사업주는 합리적 입증 없이 이 요구를 거부할 수 없게 된다. '긴급 안전·보건 진단'에는 노동자 대표가 입회해야 하고, 산업재해 위험이나 긴급 안전·보건 진단으로 인해 작업이 중지되면 사업주가 그 기간 동안 노동자에게 휴업수당, 즉 평균 임금의 70% 이상을 지급해야 한다. 하청에 재하청이 거듭되어 노동자의 처지가 더욱 열악해지는 상황에서는 이런 권리를 제대로 행사하는 것조차 어려우니, 개정안에서는 안전·보건상 유해하거나 위험한 작업은 아예 도급을 주지 못하게 했다. 지금은 고용노동부 장관 허가를 받으면 어떤 업무든 도급 줄 수 있지만, 앞으로는 일시적으로 필요한 업무만 장관 허가를 받아 도급 줄 수 있게 했다. 위험한 일이 상시 업무라면 무조건 기업이 직접 해서 철저히 안전을 관리하라는 뜻이다. 도급 줄 때도 하청에 하청을 거듭하는 것은 금지해 안전 관리에 부실이 없도록 했다.

현장에 어떤 위험이 있는지는 그 업무를 오래 해본 노동자가 가장 잘 안다. 그런데 사업주가 노동자에게 하는 안전·보건 교육에는 이런 현장 경험이 반영되지 않으니 제대로 교육이 이루어지지 않는 것이 현실이다. 산업안전보건법 개정안은 교육 시 반드시 그 업무에 경험 있는 노동자가 하는 안전 실습교육을 포함하도록 했다. 또 유명무실한 현행 '명예산업안전감독관'을 '산업안전 옴부즈맨'으로 바꿔 현장에 들어가서 위험 여부를 확인할 수 있게 권한을 강화하고 여기에 노동자 참여를 보장했다. 이 법안이 시행되면 하청 노동자들의 노동조합도 옴부즈맨 자격을 갖고 사고가 잦은 원청 현장에 직접 들어가서 확인하고 시정을 요구할 수 있게 된다. 노동조합이 해야 하는 일 가운데 가장 첫 번째, '노동자의 안전을 확보하는 일'을 비로소 제대로 할 수 있게 되는 것이다.

노동자가 자기 목숨을 지킬 권리, 정치권에서 누구도 말하지 않았던 노동자의 작업중지권을 김선동 의원이 산업안전보건법 개정안에 담아냈다. 건설현장에서 함께 일한 동료들의 바람을 지금까지 없었던 새로운 권리로 만들어내는 그 순간, 진보정당 의원으로서 보람을 느끼는 때가 아니었을까.

김선동 의원이 산업안전보건법과 함께 발의한 **기업살인처벌법** 제정안은 산업재해에 책임 있는 기업에 특단의 엄중한 책임을 부과하여 경각심을 높이고 재발을 막으려는 법안이다. 현장에서 사고가 끊이지 않는 이유 가운데 하나는, 관리 책임자 대부분은 벌금 내면 그만이고 아무리 중한 사고라 해도 집행유예 이상 선고받는 일이 드물기 때문이다. 기업 자체가 내야 하는 벌금도 수천만 원 선에 머무른다. 그 정도 금액이야 대기업에서는 아무것도 아니다. 현행 산업안전보건법은 안전 조치, 보건 조치를 하지 않아 사망의 결과가 발생하면 7년 이하의 징역 또는 1억 원 이하의 벌금에 처하도록 하고 있다. 이런 상황을 계속 방치하는 규정인 셈이다. 심상정 의원이 대표발의한 산업안전보건범죄의 단속 및 가중처벌 등에 관한 법률 제정안의 핵심 내용도 현행 산업안전보건법의 형량을 약간 높인 정도로, 책임자들은 지금처럼 얼마든지 집행유예로 풀려날 수 있고 책임자도 회사도 벌금 몇 천만 원 내면 되는 것이다. 과도한 법안이라고 공격받을 위험 때문에 법정형을 이렇게 정한 것일까. 법정형을 다소 올리는 것만으로도 산재를 줄이려 노력했다고 말할 수는 있다. 그러나 여전히 집행유예 받고 벌금 몇 천만 원 내면 그만인 정도에 그쳐서 이 심각한 문제를 풀 수 있을까. 김선동 의원의 기업살인처벌법안은 현실을 바꾸기 위해 좀 더 적극적이고 근본적인 대안을 제시한다.

김선동 의원의 기업살인처벌법안은 안전·보건 관리에 대한 법적 책임을 하급 관리자가 지면 될 뿐 사업주는 실제로 책임을 추궁당하지 않는 현실을 바꾸려 했다. 이를 위해 먼저, 산업안전보건법 개정안에 사업주가 사업장의 안전·보건 관리 전반을 지휘·통제하게 하는 의무규정을 넣었다. 또한 법 적용 대상인 '중대 재해'의 범위를 현행보다 넓혔다. 현행 산업안전보건법 시행규칙은 직업성 질병자가 동시에 10명 이상 생겨야 중대 재해로 보고 있어서, 한국타이어 암 발병 사건이나 삼성전자 백혈병 사건처럼 사망자나 환자가 많지만 동시에 생기지 않는 때는 사망자가 나오기 전까지는 중대 재해로 보지 못하게 하기 때문이다. 기업살인처벌법안의 적용 대상은 사망자가 1명 이상 발생한 재해, 3개월 이상의 요양이 필요한 부상자가 동시에 2명 이상 발생한 재해, 부상자가 동시에 10명 이상 발생한 경우, 직업성 질병자가 최근 5년 이내에 10명 이상 발생한 경우가 된다.

기업살인처벌법안은 사망의 결과가 나오면 책임자에게 7년 이상의 징역을 선고하도록 법정형을 올렸다. 사망의 결과가 나오면 집행유예를 선고할 수 없고 실형 선고만 할 수 있게 법정형을 정한 것이다. 사용자 측의 경각심이 높아질 수밖에 없다. 노동 관련 사건에서는 사용자 측이 어떤 잘못을 하든 실형이 선고되는 경우가 매우 드물지만, 중대 재해에 대해서는 실형 선고라는 강력한 경고를 내리지 않으면 안 될 만큼 우리 현실이 매우 심각하다. 상해의 경우 5년 이상의 징역 또는 5억 원 이하의 벌금을 부과하도록 했다. 행위자를 고용한 법인과 개인에게도 과징금을 부과하는데, 사망의 경우 직전 사업연도 매출액의 1000분의 10 이하에서, 만일 이 액수가 10억 원보다 적으면 10억 원의 과징금을 부과하게 했다. 상해의 경우 과징금은 그 절반이 된다. 기업 입장에서는 형벌로서 전과가 남는 벌금이냐 행정적 제재에 불과한 과징금이냐 하는 형식보다는 실제 내야 하는 액수가 중요하기 때문에 그 액수를 매출액에 따라 조정할 수 있도록 과징금 부과 기준을 정했다. 또한 이 기업의 공공사업 참여를 제한하여, 형사상 책임은 물론 영업 면에서도 기업에 사회적 경고를 가한다.

현재의 재판 실무에서 인정되는 손해배상액수는 매우 낮다. 비정규직 노동자 한 사람 목숨 값이 벤츠 승용차 한 대 값이나 될까. 이를 조금이라도 개선하기 위해 현재 하도급거래 공정화에 관한 법률에서 부당한 하도급 대금 결정과 기술 유용에 대해서만 인정되는 '3배 손해배상제도'를 기업살인처벌법에서도 적용해 피해자에게 발생한 손해의 3배 이상을 배상하도록 했다. 하지만 영미법이 피해자의 정신적 손해를 실질적으로 보전하고 유사한 피해의 재발을 막기 위해 인정하는 징벌적 손해배상액에 비하면 여전히 적은 액수다. 피해자가 이 소송에서 이기려면 역학조사가 필수적인데, 현행 산업안전보건법상으로는 한국타이어처럼 의무적 역학조사를 거부해도 과태료를 1500만 원밖에 부과할 수 없어 사실상 강제할 방법이 없다. 기업 살인처벌법에서는 역학조사를 사업주가 거부·방해·기피하는 경우에는 아예 역학조사 없이도 피해자의 손해가 사업주 때문에 발생한 것으로 보는 규정을 두었다.

다친 노동자들이 즉시 치료받을 수 있도록 산재 전문병원을 설립하는 **산업재해보상보험법 개정안**도 위 법률들과 같은 시기에 김미희 의원이 대표발의하였다. 현재 10개의 산재병원이 전국에 있지만 대규모 국가 산단인 데다 화학업체가 몰려 있는 울산, 여수 등에는 위급을 다투는 화상 등 중상 환자가 생길 경우 긴급조치를 할 의료기관이 없어 치료를 받으려면 멀리까지 나가야 하는 현실을 바꾸기 위한 것이다. 노동자들이 주민의 다수를 차지하는 이와 같은 국가산업단지에 근로복지공단이 우선적으로 병원을 설립하게 하는 내용을 담았다.

04

'안전사회'를 위하여
: 세월호 참사로 진전된 논의

19대 국회 임기가 다해가는 지금까지도 국회는 이 법안들에 대해 별다른 논의를 하지 않았다. 여당의 우선순위에 포함되어 있지 않은 것은 당연하고, 제1야당 또한 적극적으로 법안 논의에 임하지 않기 때문이다. 의석수가 20석이 되지 않아 교섭단체가 되지 못하는 정당은 국회 운영에 관여하는 것이 원천적으로 제한되니, 어떤 법안을 언제 어떻게 논의하자는 시간표를 짜는 자리에 아예 들어갈 수 없다.

논의의 진전은 오히려 국회 밖에서 이뤄지고 있다. 2014년 4월 16일 일어난 세월호 참사가 그것이다. 돈만 좇는 기업의 무책임한 경영으로 노동자뿐만 아니라 세월호에 탔던 평범한 시민인 승객들도 생명을 잃는 사건을 목도하면서, 중대 재해 기업처벌법 제정 운동이 벌어지고 2015년 7월 '시민·노동자 재해에 대한 기업·정부 책임자 처벌법' 제정안 입법 청원이 국회에 제출되었다. 이 청원법안은 사업주 등에게 사업장은 물론 많은 사람이 이용하는 시설에서 직원이나 고객 등이 위해를 입지 않게 할 의무를 지우고 있다. 기업살인처벌법안의 보호 범위를 일반 시민들까지 넓힌 것이다. 이 청원법안에는, 감독 공무원이 책임을 소홀히 한 결과 사상 피해가 일어나면 사업주를 처벌하는 데서 그치지 않고 해당 공무원과 그 감독 책임 공무원을 모두 1년 이상 징역 또는 1억 원 이하 벌금에 처하게 하는 내용도 들어 있다. 세월호 참사의 또 다른 원인으로 지목된 정부의 관리감독 부실이 되풀이되지 않게 하려는 것이겠다. 무엇보다 이 청원법안은 세월호 참사로 아이를 잃은 부모들이 다시는 이런 비극이 벌어지지 않는 안전한 사회를 만들겠다고 몸부림친 결과다. 노동자들의 생명을 지키기 위해 시작된 기업살인처벌법 제정 논의가 이제 세월호 참사 가족들을 만나 더 커지고 있는 셈이다. 세월호의 아픔을 함께한 많은 사람들의 힘도 함께 모이기를 바란다.

05

노동자 생명 지킬 해법,
더 많은 노동자에게 민주노조를

노동자가 가족의 생계를 위해 자신의 목숨을 걸어야 하는 비극을 계속 되풀이할 수는 없다. 언제까지 대한민국은 사람 목숨값이 가장 싼 나라여야 하는가. 피해 당사자조차 비난받을까 두려워 스스로 말조차 삼키는 데서 벗어나야 현실이 바뀐다. 노동자의 목숨을 지키는 일에서도 진보정치가 급진적일 수 없다면, 진보를 자처해서 무엇에 쓸 것인가. 먼저 움츠러들어서는 진보정치 할 수 없다.

진보정치 해법의 핵심은, 노동자들이 권한을 갖게 하는 것이다. 위험 요소가 무엇인지 가장 잘 알고 자신과 동료의 죽음을 막으려는 의지가 가장 강한 현장 노동자들이 권한을 갖게 해야 일터 곳곳에서 벌어지는 죽음을 막을 수 있다. 말하지 않을 수 없는 현실은, 이 권리는 강하고 탄탄한 민주노조가 있어야만 실제로 보장될 수 있다는 것이다. 민주노조 없이 미약한 개인일 뿐인 노동자가 어떻게 혼자서 이 권리를 행사할 것인가. 산재 사업장으로 유명해진 공장에서 역시 산업재해로 병을 얻었는데도 외면하는 사측 노조의 태도를 보고 그래도 명색이 노조인데 이럴 수 있나 싶어 사측보다 더 밉더라는 노동자의 한탄을 들은 적이 있다. 전체 노동자의 노동조합 가입률이 10%에 미치지 않고 민주노총 가입률은 또 그 절반, 하청 노동자, 비정규직 노동자들의 노동조합 가입률은 고작 1.9%밖에 되지 않는 대한민국 아닌가. 노동자가 기댈 곳이 없다. 그래서 진보정당의 당원들은 민주노조를 지키기 위해 애쓰고 민주노조를 키우기 위해 뛴다. 노조를 만들고 파업을 거쳐 작은 권리 하나 찾는 것에도 진보정당이 크게 기뻐한 이유, 막무가내로 노조 편만 들어서가 아니다. 노동자들이 민주노조로 모이고 힘을 키워야만 제 목숨을 스스로 지킬 수 있기 때문이다. 민주노조는 21세기 대한민국에서 노동자의 생존을 위한 필수요소다. 더 많은 비정규직 노동자들이 민주노조를 갖게 하는 것이 노동자의 목숨을 지키는 가장 실질적인 해법이다.

먹고살려고 일하다 목숨 잃는 사람 없는 나라, 나는 이것을 진보정치가 버릴 수 없는 꿈의 첫머리에 둔다. 생명만큼 귀한 것은 없기에.

귀가 /2013

2장

가장 아래에서 보아야,
비로소 보인다

노동관계법

잃은 자하고는 잃은 것으로 어울린다.
失者同於失.

- 노자 『도덕경』 23장

장일순, 『무위당 장일순의 노자이야기』, 이현주 대담·정리, 삼인, 2003.

01

악화되기만 하는 노동자들의 처지

답답했다. 개선은커녕 개악을 잠시 미루는 것조차 힘겨웠다. 이명박 정부와 한나라당은 집권 2년차인 2009년 7월 미디어법을 강행 처리한 데 이어 하반기에는 노동조합법 개악까지 밀어붙였다. 정권 재창출을 위한 핵심 전략이었다. 진보정치는 이에 제대로 대처한 것일까. 후회가 많다.

한나라당 개정안의 핵심은 첫째, '타임오프제' 도입과 '노조 전임자 임금 지급 금지', 둘째, '복수노조는 허용하되 사실상 다수노조로 교섭창구 단일화 강제'였다. 그해 내내 노동계와 진보정치는 타임오프제 도입과 노조 전임자 임금 지급 금지를 막는 데 무게를 실었다. 복수노조 교섭권 문제에서 교섭창구 단일화를 강제당한다 해도 민주노총의 주력인 산별노조 지회들은 대부분 오랜 역사와 탄탄한 기반을 가지고 있는 다수노조이므로 대처할 수 있을 것이라 여겼다. 반면 민주노총과 산별노조 및 지회 전임자들이 활동을 보장받지 못하는 문제는 당장 민주노조 활동을 흔드는 것이었다. 한국노총은 전임자 임금 문제에 더 예민했고, 민주노총과 함께 공동투쟁을 선언했다.

그러나 한국노총은 12월 초 노사정 합의로 노동조합법 개정에 찬성했다. 한국경영자총협회(경총)로부터 2년 동안 120억 원가량을 지원받기로 한 것. 상급단체 파견 전임자들 임금이다. 이처럼 노골적인 사용자 측의 지배 개입이 또 어디 있던가. 이에 더해 국회 환경노동위원회 민주당 소속 추미애 위원장이 상임위 회의장 문을 걸어 잠그고 한나라당 의원들만 참석시킨 채로 한나라당 안을 일부만 고친 '추미애 중재안'을 날치기로 처리해버렸다. 판사 출신인 자신이 깊이 생각해본 결과 한나라당 안이 대부분 합리적이라고 판단했다는 것이 이유다. 민주당이 사전에 자신에게 반대 이유를 설명하지도 않았고 자신이 이미 판단을 내린 마당에 민주당이 다시 설명해도 "실기한 공격방어방법"이니 더 고려할 수 없다며 법정용어까지 동원해 거부했다. 한국노총의 변절, 민주당 소속 상임위원장의 배신, 사태는 급격히 본회의 강행 처리로 치달았다.

12월 31일 밤, 본회의를 몇 시간 앞두고 반대토론을 준비하려니까 몇 주 전에 만난 서울대병원 청소용역노동자들 얼굴이 자꾸 생각났다. 계약 해지 위기에 몰려 농성 중인 50대 여성분들이었다. 10년 넘게 일해도, 해마다 용역업체가 바뀔 때마다 계약 해지 위협을 받고 임금은 늘 최저임금보다 50원 또는 100원 높을 뿐인 그분들이 노조를 만들었다 해서 노조 전임자를 인정받을 턱이 없고 노조 사무실이 주어질 리도 없었다. 오히려 노조에 가입하고 나니 계약 해지 위협이 닥쳐와 집회를 한다기에 그 자리에 갔는데, 몹시 추운 날이었다. 아주머니들 수십 명이 모여 있으니 활기는 있는데 어딘지 막막해하는 듯한 그 분위기가 잘 잊혀지지 않았다.

다수노조가 아니면 교섭권도 못 가지게 노동조합법이 개악되고 나면, 갓 생겨난 이 작은 노조를 깨는 것은 너무나 쉬운 일이 될 것 같았다. 관리자가 나서면 사측 어용노조 만드는 것은 일도 아니지. 어용노조로 옮기는 사람에게는 조금이라도 쉬운 업무 준다고만 해도 민주노조 탈퇴 행렬이 이어질 텐데. 교섭권도 없는 소수노조에 조합원이 남을 리 없고, 당연히 파업권도 없다. 주동자들 계약 해지도 당연지사. 이제 갓 태동한 비정규직 노동자들의 민주노조, 최저임금 수준에서 조금이라도 벗어나게 하고 잠시 몸 누일 휴게실 하나 만들게 할 민주노조는 노동조합법 개악과 함께 괴사당할 지경까지 몰리지 않을까. 이 비정규직 노동자들로부터 민주노조라는 힘을 빼앗고 희망을 없애는 것이 개악 노동조합법의 핵심이라는 것이 강행처리 직전에야 머릿속에서 선명해졌다.

실제로 당시 야당과 노동계는 타임오프제와 전임자 임금 지급 금지 조항 신설도 막지 못했고, 시행 유예된 지 13년 만에 복수노조 설립이 드디어 허용되었다고는 해도 교섭창구 단일화 강제 조항 때문에 소수노조는 교섭권도 없으므로 정규직·비정규직을 통틀어 민주노조 설립에는 별다른 진전이 없었다. 오히려 산별노조의 기반이 현장에서부터 흔들리기 시작했다. 심지어 노동조합법 개악 조항에 붙여진 2년 6개월의 유예기간이 끝나는 2012년 7월이 되자마자 산별노조의 탄탄한 대규모 지회가 돈을 동원한 회유와 협박으로 급조된 사측 어용노조에 의해 순식간에 무너져 소수노조로 전락해 교섭권을 잃는 일까지 연이어 벌어졌다. 개악 노동조합법은 산별노조의 힘을 키워 산별교섭을 확대해 비조직 노동자까지 감싸 안으며 성장해 가려던 노동운동의 발전계획을 밑에서부터 위협했다. 노조를 만들어도 사측과 교섭 한 번 하지 못하고 계약 해지 위험에 내몰릴 비정규직 노동자의 처지에 집중해 노동조합법 개악 문제를 지적했더라면 국민 여론에서도 정치권에서도 더 많은 공감을 얻을 수 있지 않았을까. 노동현장 붕괴의 위험을 조금이라도 막을 수 있지 않았을까. 이런 문제들이 현실에서 나타나고 나서야, 가장 아래에서 보아야 문제가 제대로 보인다는 것을 깨달았다. 가장 많이 잃은 자의 처지에 자신을 놓아두지 않고 어떻게 세상을 제대로 바꿀 것인가. 늦은 후회다.

02

우리가 있어야 할 곳이 여기였지

민주노동당 국회의원이 되었지만 잘 알지 못하던 노동 문제를 한순간에 알게 될 수는 없었다. 무관심 속에서 양산된 피해자들, 몰랐던 것이 미안했다. 빚진 마음이 컸다. 당시의 나는 노동 문제를 분석해낼 경험도 식견도 없었고 노동운동이 이미 말해온 주장과 대안에 공감하는 것 이상의 무엇을 도모할 능력도 없었다. 다만 나와 같았을 시민들이 좀 더 많이 '미안함'으로라도 공감하기를 바라며 도울 뿐이었다. 노동조합법 개악을 막아야 하는 중대한 때에도 나 자신은 이 수준을 벗어나지 못했다. 사람의 수준과 능력이 자리에 미치지 못한 대가를 지금 노동자들이 현장에서 치르고 있다. 죄송스러울 뿐이다.

2010년 이후 정치권에서 노동 문제는 소강상태에 들어갔다. 정리해고며 비정규직 문제는 날로 심각해졌지만 해결될 기미는 없어 보이고 노동현장의 현안들은 사측과 정권의 강력한 반대에 부딪혀 출로가 보이지 않았다. 작지만 국회의원으로서 즉시 바꿔낼 수 있는 일에 관심이 갔다. 택시기사들에게 돌아가야 할 월 10만 원 정도의 부가세 환급금을 사측과 어용노조가 가로채온 것을 막고 기사들이 직접 현금으로 지급받게 한 일 같은 것들이다. 당장 조금이라도 현실을 바꿔냈다는 보람도 느꼈다. 선거를 앞둔 때, 이런 작은 이익들을 찾아주는 실리적인 일을 성공시키는 것이 지지를 요청하는 데 도움이 된다는 생각도 들었다.

그 상태에서 벗어난 것, 2012년 통합진보당(진보당) 비례경선사태를 겪고 나서다. 이른바 당권을 잃은 것, 슬프지 않았다. 사실관계 확인 조차 하려 하지 않는 여론 주도층과 언론의 공격으로 노동자들 옆에 서 있을 자격조차 부정당한 것이 뼈아프게 서러웠다. 그럴수록 더 얼굴을 마주해야 한다고 마음먹고 노동자들을 찾아갔지만, '뭘 잘했다고 고개를 들고 나타났느냐'는 싸늘한 질책과 '이 상황에서 뭘 기대할 수 있느냐'는 한탄이 소리 없이 전해져왔다. 대통령 선거일은 다가오는데 정권교체의 희망은 안 보이는 상황, 노동자들이 이 곳저곳에서 철탑에 올랐다. 정리해고로 스물다섯 번째 희생자의 장례를 치러야 했던 쌍용차 노동자들이 대한문 앞에 빈소를 차렸다. 그 영정 앞에서 생전 처음 일천배를 올렸다. 기도도 발원도 아닌 사죄의 일천배. 기도는 책임질 일이 없는 사람이어야 할 수 있는 것이니. 그때에야 무엇이 문제였는지 알았다. 어차피 잘 안 풀리는 일이라고 손 놓고 있었구나, 또 희생자가 생기면 가서 조사(弔詞) 몇 마디로 지금 내 할 일은 다했다고 치부하고 선거에 표 모아주면 내가 이겨서 해결해줄 것처럼 행세했구나. 몹시 부끄러웠다. 해결될 가능성 없다고 쳐다만 보는 진보정치를 어느 노동자가 신뢰할 것인가. 내가 권력 쥐면 해결해주겠다는 말은 큰 정당의 말이 더 현실성 있어 보이지 않나. 심지어 큰 정당의 일부 사람들도 노동자들의 요구에 공감하고 현안을 해결하기 위해 뛴다. 그들과 진보정치가 과연 무엇이 다르다고 할 텐가. 내가 해줄 테니 당선될 때까지 기다리라고, 내가 당선되게 해달라고 하는 대신, 노동자들이 지금 자신의 삶을 바꿀 수 있게 디딤돌 노릇을 해야 했다. 노동자들이 절박하면 진보정치도 절박해야 한다. 다 잃은 사람들과 같은 처지에 자신을 놓아두지 않고 어찌 그들로부터 믿음을 얻을 것인가. 진보정당 통합만 이루고 나면, 야권연대만 하고 나면, 총선에서 원내 교섭단체만 만들고 나면 다 해결할 수 있다고 노동자들의 현실 문제들을 모두 그 뒤로 미뤄두기만 했던 나 자신이 노동자들의 신뢰를 무너뜨리고 실패를 불러온 장본인이었다. 세간의 평판과 기대를 모두 잃고 바닥으로 떨어지고 나니 그제야 내 잘못이 보였다.

그해 겨울 대통령후보 TV토론에서 쌍용차 노동자들의 죽음을, 백혈병에 걸린 삼성 노동자들의 이름을, 노조 파괴공작의 폭력에 내몰린 유성기업, 안산 SJM, 3M 노동자들의 현실을 쏟아냈다. 현장에서 만나는 노동자들의 표정에 비로소 온기가 돌기 시작했다. 선거일을 며칠 앞둔 비오는 캄캄한 새벽, 여수 공단 길거리에서 출근 인사를 하는데, 우리가 있어야 할 곳이 여기였지, 이제야 돌아왔네, 여기 있을 수 있어서 행복하다, 싶은 거다. 그곳에 무슨 권력이 있겠나. 그러나 행복했다. 긴 고통을 겪고 어렵게 돌아올 수 있었던 그 자리를 다시 잃고 싶지 않았다.

진보정당의 중심은 노동자들이고 활동의 중심도 노동 문제의 핵심 사안에 두어야 한다는 생각이 커졌다. 한때 내가 실용적이라 여겼던, 작은 이익을 찾아주고 표를 모으려는 방식으로는 아무리 애써도 진보정치의 뿌리를 튼튼히 할 수 없었다. 당연히 노동자들이 되찾아야 하는 이익이고 그 자체로는 뜻있는 일인데도 말이다. 찾아준 이익을 표로 환불받아 가는 거래의 대상으로 노동자들을 바라보고 있었던 것일까, 내 마음이 그러했던가, 그것이 문제였을까. 그 즈음부터는 노동자들을 가장 괴롭히는 근본적인 문제에 눈길이 가기 시작했다. 노동자들의 힘을 키울 근본 대안을 찾으려 노력했다. 아래 소개하는 **비정규직의 정규직 전환 특별법, 노동조합법 개정안** 등을 성안한 배경이다. 진보정치의 일선에 있는 사람으로서 너무 늦게서야 노동 문제의 핵심 현안들로 돌아왔다. 처음으로 노동자들과 같은 자리에 스스로를 놓아두고 노동자들의 가장 큰 괴로움을 해결할 방법을 고심할 수 있게 된 시간이었다. 그러나 그로부터 얼마 되지 않아, 당은 노동 문제에 대해 공개적인 논의 자리 한 번 만들 수 없는 철저한 고립 상황에 빠져버렸다. 그 결과 법안 형태로 완성된 것도 발의에 들어가지 못했고, 초안에 머무른 것은 더더욱 거의 알려지지 못했다. 이 글이 첫 소개일 것이다.

2013년 이후 노동자들의 처지는 급격히 악화되고 대기업노조와 노동운동에 대한 여론몰이는 더욱 심각해지고 있다. 정부와 재벌대기업은 비정규직의 불안한 처지를 정규직과 노조의 책임으로 몰고, 청년실업을 장년 노동자와 귀족노조 탓으로 떠넘긴다. 노동운동이 여론에서 궁지에 몰리고 어용노조 공작에 의해 조직에서 밀리자 급기야 합법적으로 존재해온 노동조합마저 법적 보호를 박탈당했다. 이명박정부 때부터 전국공무원노조가 설립 신고를 계속 거부당한 것도 모자라, 박근혜정부는 전교조까지 법외노조로 내몰고 있다. 해고된 교원 또는 공무원이 조합원이라는 것이 빌미다. 해고된 사람이 조합원일 경우 그 노조는 노동조합으로 인정하지 않는다는 노동조합법 등의 규정이 공무원노조와 전교조를 법외노조로 만들고 있다. 노동조합이 단체교섭권을 빼앗기고 단결권을 부인당하며 위협받는 상황, 정부는 이제 성과가 낮다는 이유만으로도 언제든 해고할 수 있게 하고 기간제로 채용할 수 있는 기간을 늘리며 '뿌리산업 파견 허용'이라는 명분으로 제조업 파견까지 합법화하고 임금피크제를 강제하려 한다. 이어질 법안들은 이 상황을 바꿀 좀 더 근본적인 해결 방법을 말한다.

03

비정규직의 정규직 전환 특별법

1997년 IMF 사태 이후 국제 투기자본은 기업을 사고팔아 단기간에 최대의 이윤을 뽑아내기 위해 더 낮은 임금으로 더 쉽게 해고할 수 있는 기간제 노동자와 파견 노동자를 양산했다. 공공 부문까지도 아무 제한 없이 비정규직을 늘린 결과, 이제 청년들과 여성들의 일자리는 대부분 비정규직이다. 일회용 인생, 문자 해고, 비정규직은 차별과 절망의 대명사다. 열린우리당이 2006년 기간제법과 파견법 제정 시 대책으로 내세운 차별금지 규정만으로는 비정규직 문제를 해결할 수 없음이 이미 분명해졌다. 이명박정부가 2009년 여름, 기간제 사용 기한을 2년에서 3년 또는 4년으로 늘리려고 추진했고 당시 민주당이 미디어법을 막기 위해 양보가 필요하다는 이유로 기간제 사용 기한을 늘리는 데 합의해주려고 시도하는 것을 민주노동당이 강력히 반대해 이것만은 막을 수 있었지만, 그밖에 비정규직 문제를 해결하기 위한 법적 진전을 이루지는 못한 채였다. 문제는 더욱 심각해져 2015년 3월 기준 비정규직 노동자는 838만 명, 전체 노동자의 44.6%에 이르렀다. OECD 국가 중 근속연수 평균값이 5.5년으로 가장 짧은 '초단기 근속'의 나라, 근속연수 1년 미만의 단기 근속자가 전체 노동자의 31.8%, 비정규직 노동자들의 임금은 정규직 대비 49.7%. 이것이 대한민국 비정규직의 현실이다.

비정규직 양산의 길을 열어놓고는 비정규직 문제를 해결할 수 없다. 2년 이상 고용되면 '기간의 정함이 없는' 무기직으로 전환하는 것으로는 이른바 '중규직'이 만들어질 뿐이다. 사용자들은 이들을 비정규직은 아니지만 정규직과는 다른, 승진은 꿈꿀 수 없는 별도의 직급으로 편성해 새로운 차별 안에 가두었다. 거듭되는 위장도급 불법 파견 소송에서 노동자들이 연이어 승소해도 정규직 전환은 제대로 진전되지 않았다. 기업은 판결이 채택한 불법파견 판단 기준을 교묘히 피해 비용은 줄이고 해고는 여전히 쉬운 새로운 사용형태를 끊임없이 만들어낸다. 더 세세한 규제를 만들어 기업의 뒤를 쫓아가는 것으로는 비정규직 문제를 도저히 풀 수 없다. 비정규직을 쓰면 비용이 덜 들고 해고가 쉬운 구조 자체를 바꿔 비정규직을 쓸 유인을 없애는 것이 근본적인 해결 방법 아닐까. 오히려 비용이 더 들고 해고는 똑같은 절차를 거쳐야 한다면, 군이 비정규직을 쓸 이유가 없지 않을까. **비정규직의 정규직 전환에 관한 특별법**에 이런 방안을 담으려 했지만, 초안 형태에 머물러 발의에 이르지 못했다.

이 특별법안에서는 모든 업무에서 기간제 및 파견 노동자를 통틀어 비정규직을 쓰지 않는 것을 원칙으로 한다. 다만 임신·육아·질병·

상해 등으로 인한 대체근무 인력과 6개월 이내에 끝나는 일시적 업무, 간헐적 업무에 대해서만 노동조합과 협의를 거쳐 기간제 노동자를 쓸 수 있게 하고, 파견은 금지한다. 이것도 국가 및 지방자치단체에는 허용되지 않게 한다. 통상 예견할 수 있는 범위의 대체근무 소요까지 감안하여 정규 인력을 고용함으로써 공공영역이 비정규직을 줄이는 데 더 적극적으로 나서게 하는 것이다. 계약기간이 1년을 넘거나 2회 이상 재계약되면 기간제 및 파견 노동자도 정규직 노동자로 자동 전환되게 하여, 현행 2년 이상이어야 하는 전환 소요 기간을 절반으로 줄인다. 또 이런 노동자에 대해 사업주가 계약을 해지하면 부당해고로 본다. 노동자가 부당해고임을 인정받는 데 어려움을 겪지 않게 하는 것이다.

정규직으로 전환될 때 그 노동조건은 동종 또는 유사 업무 노동자에게 적용되는 취업규칙 내용과 같게 하고, 기간제로 근무할 때도 적극적인 차별 시정 조치를 통하여 정규직과 차별을 없애되 기간제 노동자에 대해서는 근로계약이 종료되면 실업급여와 별도로 기업이 3개월분 통상임금을 구직활동 지원금으로 지급하게 하여 짧은 고용으로 쉽게 실업의 위험에 노출되는 것에 대해 최소한의 보상이 이루어지게 한다. 영세 중소기업의 정규직 전환을 지원하기 위해 정부가 예산 계획을 세우게 하고, 대기업부터 이 법이 먼저 적용되게 하는 등 기업 규모에 따라 이 법의 시행 시기를 조절할 수 있게 하되, 법 공포 후 3년 이내에는 순차적으로 모든 기업에 대해 적용되도록 한다.

이러한 구상은 그간 기간제 사용사유 제한규정만을 담은 근로기준법 개정안이나 기간제법과 파견법 폐지안만을 발의해온 것보다는 진전된 것이다. 파견 폐지의 내용을 담아내고 기간제만 일부 사유가 있을 때 쓸 수 있게 하되, 해고는 정규직과 같은 수준으로 제한하고, 기업의 비용 부담은 늘려 기간제 사용 유인 자체를 줄이자는 구상이다.

재벌대기업들은 중소기업, 특히 영세기업의 어려움을 핑계 삼아 이러한 시도 자체를 좌절시키려 할 것이다. 저임금 노동자들의 절박한 최저임금 인상 요구를 거절할 때도 경총은 재벌대기업들은 뒤로 숨긴 채 영세 자영업자들의 한계상황을 내세우지 않았던가. 그러나 지금 중소기업들의 어려움은 정규직을 비정규직으로 더 바꿀 수 없어서, 또는 비정규직 임금이 아직도 높아서 생겨난 것은 아니지 않은가. 중소 영세기업들이 몰락 지경까지 내몰린 것은 재벌대기업과의 사이에서 벌어지는 부당하게 불균형한 경쟁을 더 이상 견딜 수 없어서다. 더 낮은 임금으로 비정규직을 더 쓸 수 있게 한다고 해서 중소 영세기업들이 살아나는 것이 아니다. 재벌 일가의 편법적 일감 몰아주기를 통제해 중소기업도 공정한 사업 기회를 가질 수 있어야 한다. '중간착취'에 불과한 다단계 하청구조를 줄여 중소 영세기업의

가장 아래에서 보아야, 비로소 보인다

이윤을 늘려야 한다. 여기에 정부가 대기업으로부터 제대로 걷은 세금으로 영세 중소기업을 실효성 있게 지원하는 것이 더해질 때 비로소 영세 중소기업과 대기업 사이에 최소한의 균형적 성장의 기틀이 마련될 것이다. 그 열매를 비정규직 노동자에게 먼저 나누어주라는 것이 이 '비정규직의 정규직 전환 특별법' 구상이다.

노동자들 사이의 생존경쟁을 부추겨 기업의 이익을 꾀하는 전략은 갈수록 강도를 더한다. 박근혜정부는 일명 '쉬운 해고' 제도를 도입하겠다고 나섰다. 현행 근로기준법으로는 징계해고 또는 정리해고만 가능하다. 노동자에게 잘못이 있거나, 기업의 경영상 위험이 있어야 노동자를 해고할 수 있다. 정부 방침은, 노동자의 잘못도 없고 기업경영의 위험이 없어도, 직무 평가만으로 성과가 낮은 사람은 해고할 수 있게 하겠다는 것이다. 정년이 보장된 정규직은 사실상 사라지고 모두가 언제든 해고될 수 있는 새로운 형태의 비정규직으로 바뀌는 셈이다. 비인간적 경쟁으로 내몰리느냐, 인간적 공존의 길로 갈 것이냐, 결단해야 할 때다. 비정규직 철폐, 노동시간 단축, 청년 일자리 확보, 정리해고 문제 해결은 노동자들이 모두 '함께 살자'는 목표에 합의하고 노동조합의 힘을 중심으로 공동행동에 나설 때만 가능하다.

무엇보다 노동자들 사이의 이해와 단결이 필수다. 정권과 재벌이 비정규직을 확산시키고 정리해고를 밀어붙이는 데 쓴 수단은 어찌 보면 단순하다. 노동자들 사이에 갖가지 차이를 만들고 경쟁으로 내몰아 서로가 서로를 상처주고 책임을 떠넘기고 미워하게 만드는 것이다. 이 상황을 타개할 방법도 다른 것이 없지 않을까. 역지사지(易地思之), 자신과 상대의 처지를 바꾸어 생각해보는 것이다. 가장 어려운 처지에 있는 노동자들의 자리에서 보아야 문제가 제대로 보인다. 내가 비정규직이라면, 내 아이가 비정규직이 된다면 어떨지 생각해보면 기간제 노동자가 정규직과 차별 없이 일하더라도 기간이 다하여 그만둬야 할 때 구직수당 3개월분을 더 받는 것도 받아들일 수 있을 것이다. 처지를 바꿔 생각해보면, 같은 노동자라도 처지가 조금이라도 다르면 의견이 다를 수 있음을 이해하고, 그럼에도 불구하고 마음을 모을 수 있게 되지 않을까. 그 과정에서 서로가 더욱 인간답게 성장할 수 있지 않을까. 조직의 힘은 규모나 체계나 규율로부터 생겨나는 것이 아니라 그 집단을 이루는 사람들이 가지는 인간다움이 모일 때 생긴다. 인간다움이 모인 조직은 강하고 아름답다. 그것이 세상을 바꾸기를 원하는 노동자들에게 필요한 힘이다.

노동자들은 앞으로도 비정규직 문제의 근본 해법을 더 깊이 모색하고 제안해나갈 것이다. 그 논의를 통해 인간다움을 키우고 모아내는 성취를 이루기를 바란다. 비정규직은 노조에도 가입하지 못하던 시절, 정규직 노동조합이 비정규직을 조합원으로 받아들이는 것만으로도 사람들의 가슴에 희망을 만들지 않았던가. 이윤만을 좇아 인간성을 파괴하는 자본의 논리를 이기려면 그보다 우월한 힘이 노동자들에게 갖춰져 있어야 한다. 차이를 넘어 단결할 수 있다는 것은 그만큼 구성원들이 성숙하고 고양된 인격을 갖추었다는 징표다. 강요된 무한경쟁과 갈등을 넘어 '함께 살자'는 목표에 합의를 이뤄내는 노동자들의 수준 높은 인간다움 자체가 힘이고 희망이다.

04

노동조합법 개정안,
근본이 흔들리면 안 된다

이명박정부는 공무원노조를, 박근혜정부는 전교조를 해고된 공무원 또는 교원을 조합에서 내치지 않았다는 이유로 법외노조로 내몰았다. 공무원노조법과 교원노조법이 노조 가입 자격을 각각 현직 공무원이나 교원 또는 부당노동행위 구제 절차가 진행 중인 해직자로 한정한 것을 근거로 해서다. 공무원노조와 전교조에 국한되어 끝날 일만은 아니다. '노동조합 및 노동관계 조정법' 제2조 제4호 '노동조합' 정의 규정에 노동조합으로 보지 않는 경우를 열거하면서 "라. 근로자가 아닌 자의 가입을 허용하는 경우. 다만, 해고된 자가 노동위원회에 부당노동행위의 구제 신청을 한 경우에는 중앙노동위원회의 재심 판정이 있을 때까지는 근로자가 아닌 자로 해석하여서는 아니 된다."라고 하기 때문이다. 산별노조나 지역별노조는 그 조합원이 꼭 개별 기업과 근로관계에 있어야 하는 것은 아니라는 확립된 판례를 근거로 이 규정의 적용을 벗어날 수 있지만, 기업별노조는 법외노조로 전락할 위험에서 자유롭지 못하다. 또한 교사 또는 공무원으로 조직되는 노동조합인 경우, 전교조 법외노조 통보 사건의 1심 재판

부처럼 조합원 자격을 현직 교원이나 공무원으로 제한하는 것이 합리적이라고 판단할 위험도 배제할 수 없다. 이 조항의 근본 문제는, 노동조합의 자주성을 보장하려는 노동조합법의 입법 목적을 침해하는 행위, 곧 사용자가 노조활동에 적극적인 사람을 해고해 노조를 무너뜨리는 것을 사실상 합법화한다는 점이다.

노동조합법 제2조 제4호 라목은 사용자 측에서 볼 때 노조활동에 가장 적극적인 사람을 노조로부터 제거해내는 수단이다. 노동조합이라고 인정받고 법적 보호를 받기 위한 전제가 바로 자주성이고 그 때문에 사측의 지배 개입을 형사처벌 대상으로 하는 것인데, 노조 설립과 활동 과정에서 해고까지 당할 만큼 노조의 자주성을 위해 노력해온 사람은 노동조합법의 정신에 비추어보면 가장 중요한 조합원으로 인정받는 것이 당연하다. 그런데 이 조항은 이 사람을 버려야 노조로 인정받을 수 있다고 강제한다. 네가 살려면 동료를 버리라는 비인간적인 논리다. 집단을 지키기 위해 개인을 희생시키는 선택, 또는 그 개인 스스로 자신을 희생하는 선택을 하라는 것이다. 개인적인 손해를 감수하고 적극 활동하다가 해고당했는데 노조에서도 배제되어야 한다면 또 누가 위험을 감수하고 나서겠는가. 노동조합법의 기본 전제와 입법 목적에 어긋나는 극단적 이율배반이다. 노동법은 개별로는 무력한 존재인 노동자들에게 단결권을 부여함으로써 사용자와 대등한 지위를 확보하게 하려는 법이다. 배신을 강제하는 비인간적 논리에 지배당하기 시작하면 단결은 내부에서부터 저절로 무너진다. 노동조합 활동을 이유로 해고당한 사람들이 조합원 자격을 부인당하는 일이 없도록 법을 개정하는 것이 노동조합법의 정신에도 맞다.

전교조는 몇몇 해고자가 조합원이라고 '노조 아님' 통보를 하는 것은 정부의 재량권 남용임을 지적하며 소송을 제기했다. 헌법재판소도 '노조 아님' 통보의 근거가 된 교원노조법 제2조에 대해 합헌 결정을 하면서도 "그렇다고 해서 현직 교원이 아닌 사람이 조합원으로 등록됐다고 교원노조의 법적 지위를 박탈하는 것이 항상 적법하다는 취지는 아니다."라고 한 만큼 승소 가능성은 충분하다. 이 소송에 힘을 모으는 것은 물론이지만, 정당의 고유 역할은 별도의 입법안을 만들고 입법적 해결을 도모하는 것이다. 여러 내용의 노동조합법, 공무원노조법, 교원노조법 개정안이 국회에 발의되었다. 그러나 민주당이 당론발의한 노동조합법 개정안은 근로자가 개별 기업과 근로관계에 있지 않아도 노동조합에 가입할 수 있게 하면서도, 근로자 아닌 자를 가입시키면 노동조합이 아닌 것으로 보게 하는 2조 4호 라목의 골격은 그대로 두고 근로자로 인정되는 시기를 법원 확정 판결까지로 일시 연장한 것이다. 야당 의원들이 공동발의한 공무원노조법도 이런 내용을 공무원노조에 적용하는 것이다. 이 두 법으로는 문제의 소지가 계속 남게 된다. 근본적인 해결책은 노동조합의 자주성을 침해하는 노동조합법 제2조 제4호 라목 자체를 바꾸는 것 아닐까. 국제노동기구(ILO)는 이 조항에 대해 조합원 자격요건은 노동조합이 재량으로 결정할 문제이므로 행정당국이 개입해서는 안 된다는 이유로 시정 권고한 바 있다.

통합진보당이 성안한 노동조합법 개정안은, 2조 4호 라목의 단서만 없애서 노동조합은 노동자들의 조직임을 확인하되 "노동조합의 설립 또는 활동과 관련하여 해고되거나 근로계약이 해지된 자는 사용자와의 사이에 근로계약의 종료에도 불구하고 당해 노동조합에 가입할 수 있다."는 규정을 넣어 해고 노동자가 조합원 자격을 가진다는 점을 명시했다. 공무원노조법과 교원노조법도 이 규정은 달리 정할 수 없게 했다. 그러면 해고 조합원을 빌미로 벌어지는 법외노조 문제는 모든 노동조합에서 원천적으로 해결된다. 나아가 이 규정은 노조활동으로 해고된 조합원은 그 노조의 자주성 확보를 위해 분투한 사람으로서 존중받아야 함을 명백히 선언하는 것이다. 해고를 노조 통제의 수단으로 활용하면서도 부당노동행위로 규제받는 경우는 드문 사용자 측의 의도가 실현되지 못하게 하는 방어막이기도 하다. 아울러 진보당의 노동조합법 개정안은 사용자의 부당노동행위에 대해 '3배 손해배상'을 부과하고, 형식적으로는 근로계약 관계가 아닌 원청 사업주 등의 부당노동행위도 금지하며, 직장폐쇄 요건을 강화하는 내용도 담아, 부당노동행위를 억제하고 노동조합 활동을 적극 보장하려 하였다.

노동 문제에서 헌법재판소는 줄곧 '노동 3권(단결권·단체교섭권·단체행동권)'을 제한하는 결정을 내려왔다. 교원의 노동3권을 제한·금지하던 사립학교법 규정에 대한 1991년 합헌 결정, 공익사업장 단체행동권 제한 규정에 대한 합헌 결정, 제3자 개입금지 규정에 대한 합헌 결정 등이 그것이다. 그러나 그 합헌 결정이 있고 나면 얼마 지나지 않아 헌재가 부인한 노동권을 보장하는 법 개정이 이어졌다. 과거에 사로잡힌 헌재의 결정은 곧 예외 없이 삭아 끊어져버린 자물쇠로 전락했다. 노동자들의 힘으로 미래가 만들어지는 것과 함께. 이 문제 역시 마찬가지, 노동자들이 자유롭게 노동조합을 만들 권리가 확보되고 노동조합의 자주성이 확고히 정립되는 것은 시간문제일 뿐이다.

자주성을 포기한 노동운동은 존립할 수 없다. 종이 한 장에 지조를 버리는 사람, 한순간 생존을 위해 인생을 내던지는 사람이 얼마나 많던가. 조직도 다르지 않다. 일부를 포기하면 전부를 버리는 것이 된다. 어느 사이에 진보정치도 노동조합도 그 경계를 오갔다. 그만큼 근본이 흔들렸다. 그러나 역사의 진전은 잠시 지체하더라도 멈추지 않는 것, 몇몇의 패배에도 불구하고 사람들은 끊임없이 역사를 밀고 나간다. 좌절과 분열의 시간은 벌써 과거의 것이 된다. 노동조합의 자주성의 원칙은 다시 확인되고 진보정치의 근본은 새로 단단

해질 것이다. 나 자신 이 믿음만은 버리지 않았다. 내가 실패했다고
하여 세상의 모든 것이 끝났다고 절망하는 가장 큰 잘못을 범해서
는 안 되겠기에.

05

다시 일어설 진보정치의 중심에
노동자들이 있어야

2012년 3월을 기점으로 진보정치는 폭풍 속으로 끌려들어갔다. 통합진보당 창당과 야권연대 성사로 진보적 정권교체가 현실이 될 가능성이 보이자마자 벌어진 일이다. '종북몰이'로 점철된 그해 대선이 야권의 패배로 끝나자, 금속노조 한진중공업 지부 최강서 조직국장을 비롯해 절망하여 세상을 버린 다섯 분의 비보가 전해졌다. 진보정치를 휩쓴 폭풍은 오랫동안 멈추지 않을 것이었다. 일제 침략으로부터 100년, 분단 70년 세월 동안 본질에서 바뀌지 않았던 세상이 마침내 바뀌기 전까지는. 유행을 타서 봄바람 속에 집권에 성공한 진보정치가 어디 있던가. 원치 않더라도 앞길은 늘 폭풍일 것이고, 뚫고 나갈 방법은 뿌리를 튼튼히 하는 것밖에 없었다. 한번 흔들린 노동자들의 신뢰가 다시 무너져서는 안 된다는 생각으로 다시 출발하려 했는데, 그 발걸음을 떼자마자 내란음모조작사건이 벌어졌고 진보당은 해산당했다. 통합과 분당 과정에서 갈등을 해결하지 못한 나의 잘못이 불러온 결과다. 민주주의가 무너지면 노동자들의 어려움이 가장 커지는 것은 당연한 일, 지금 노동자들의 처지는 벼랑 끝이다.

그러나 노동자들은 삶을 포기할 수 없기에 정치를 포기할 수 없다. 정치를 포기하고서는 어떤 노동조건 개선도 이루기 어렵기 때문이다. 개별 기업은 수익성의 논리에 따라 최소한의 근로조건만을 제공한다. 개인으로 찢어져 협상력이라고는 전무한 노동자들이 개별 기업에 대해 무엇을 요구해봐야 잘리면 그만이고, 한 노동조합이 한 개별 기업에 근로조건 개선을 요구해도 이 개별 기업이 대기업에 의해 잠식되는 시장에서 살아남으려고 발버둥치는 것마저 어려운 조건에서는 실제로 개선이 이루어지기란 매우 어려운 일이다. 법과 제도를 바꾸는 데 노동조합들이 함께 나서지 않고서는 개별 기업에서 아무리 애써도 노동자의 상황은 자꾸만 악화되어갈 수밖에 없다.

사법부는 점점 더 '사유재산권 보장의 원칙'은 절대적이라는 입장을 노골적으로 내보인다. 사법부의 보수화는 보수정권이 집권하는 한 막기 어려운 조건으로 굳어졌다. 대법관과 헌법재판관 다수가 사실상 정부 여당의 입김 아래 임명되기 때문이다. 기업 경영 판단의 자유는 사실상 제한 없이 보장되어야 하는 것으로, 근로자들의 경영 참여는 절대로 허용될 수 없는 것으로 여겨진다. 쌍용차 정리해고 사건에서 대법원은 경영자가 기업 경영이 위험하다고 판단하면 정리해고는 정당하다며 정리해고 요건을 크게 완화해버렸다. 행여 이긴다고 해도 대법원 승소 확정판결을 받아내기까지, 실제로 복직되기까지 노동자들이 견뎌내야 하는 기약 없는 기다림은 너무나 길고 고통스럽다. 현대자동차의 최병승 씨는 불법파견을 다투는 8년간의 소송 끝에 홀로 이겼다. 그러나 확정판결이 나도 사측은 시간을 끌기 위해 또 다른 법적 수단을 활용해 그의 복직을 미루고 같은 비정규직 동료들의 정규직 전환 문제는 또 다른 소송에 맡겨버렸다.

탈출구는 노동자들이 법과 제도를 바꾸는 것밖에 없다. 노동조합이 정치적 목적을 내세우고 활동해야 한다. 현실에서 노동조합이 정치적 목적에서 하는 단체행동은 불법으로 단죄된다. 노동조합법은 주로 정치운동을 목적으로 하면 노동조합이 아니라고 선언한다. 그러나 법으로 그어놓은 선 안에 갇혀 있는 데서 머물면, 선을 밀어내는 것조차 하지 못한다. 개별 기업으로부터는 어떤 양보도 받아낼 수 없는 상황에서, 노동자들과 노동조합이 법과 제도를 바꾸기 위해 정치에 나서는 것은 진보정치의 어떠한 실패에도 불구하고 포기할 수 없는 일이다. 노동자의 정치적 지위 향상을 위한 노동조합의 파업 등 단체행동은 정당한 행위로 보호되어야 한다. 진보당의 노동조합법 개정안은 '근로조건의 유지·개선과 근로자의 복지 증진, 기타 근로자의 경제적·사회적 지위의 향상을 도모함'이라고 정해진 노동조합의 목적에 '정치적 지위 향상'까지를 포함시키고, 주로 정치운동을 목적으로 하는 경우를 노조 부인 사유로 삼는 조항을 삭제했다. 노동자의 정치적 지위 향상이야말로 일자리를 안정시키고 목숨을 지키기 위한 필수 요소이기에, 제대로 된 노동조합이야말로 노동자

정치운동에 더 적극적으로 나설 수밖에 없기 때문이다. 민주노총의 역할이 더욱 중요하다.

노동자들이 정치에 나서서 다시 패배하지 않을 수 있을까. 또 패배할 수도 있겠지. 패배를 다시 겪지 않아도 될 만큼 상황이 녹록하거나 진보정치가 단단한 것이 아니므로. 다만 정치활동의 순간마다 구성원들의 인간다움을 확인하고 키우는 데 눈을 돌린다면, 이미 경험한 좌절을 되풀이하는 것은 막을 수 있지 않을까.

다시 일어설 진보정치의 중심에 노동자들이 있어야 한다. 진보정치는 조직 노동자들의 힘에 터잡아 비조직 노동자들로 조직의 힘을 넓혀가고 비조직 노동자들의 처지를 개선하는 데 힘을 집중해 성과를 이뤄내는 꾸준한 노력에 기반하지 않고서는 성장할 수 없고, 집권을 준비할 수 없다. 집권 가능성이 조금이라도 보이는 순간부터 진보정치는 극우 집권세력과 재벌대기업과 국제금융자본의 공격에서 놓여나지 않을 것이다. 만일 집권에 다다른다 하더라도, 노동자들의 강력한 조직력이 없이는, 신용평가기관이 대한민국 국가신용도를 한 등급 내리기라도 하면 진보정치는 집요한 여론 공격에 허물어지고 말 것이다. 진보정치가 현장에서 힘을 쏟아야 할 것도 노동자들의 단결력을 강화시키는 것이고, 입법활동에서도 의정활동에서도 마찬가지다.

진보정치인을 진보정치인답게 지킬 수 있는 유일한 힘은 노동자들이 중심을 지키는 진보정당이다. 가장 어려운 상황에 있는 노동자들의 처지에서 문제를 제대로 보는 능력과 경험을 가진 사람들이 진보정치의 중심에 있어야 한다. 이들이 진보정당의 중심에 서야 비로소 정치 일선에 있는 사람의 시야의 한가운데에 노동자들이 존재할 수 있다. 노동자가 아니라 언론에 시야를 점령당하는 진보정치인들이 많다. 노동운동이 키워낸 진보정치인도 예외가 아니다. 언론은 노동운동에 나선 노동자들의 모습을 줄곧 진부한 80년대 운동권으로 묘사하고 타협과 양보를 모르는 편협한 존재로 매도해왔다. 정치인 개인은 유능하고 유연한 정치엘리트라고 칭찬하고, "당만 바꾸면 재선될 텐데, 당이 문제"라며 당을 그 정치인의 앞길을 망치는 집단으로 폄하한다. 그에 동조하며 생존을 모색하는 이들에게는, 내가 당선되어야 무슨 일이든 할 수 있다는 현실론이 그럴 듯한 포장재가 된다. 이들에 의지해서는 진보정치가 노동자들이 만드는 정치로 성장할 수 없다. 머리 회전이 아무리 빠른 개인도 삶의 현장에서 굽이굽이를 넘어 쌓여온 집단의 진중한 지혜를 넘을 수 없는 법이다. 비록 거칠더라도, 그 정직한 삶의 지혜는 마땅히 존경받을 만한 가치 있는 것 아니던가. 쉽게 폄하할 일이 아니다.

무엇보다, 자신이 살아온 공간에서 쫓겨나 절벽에 선 듯한 절망감에 빠진 노동자들, 피해자인데도 편협하다고 비난받고 배제당하는 그들의 두 겹 고통 앞에서, 나는 다른 요구 없이 그저 고통을 껴안고 싶을 뿐이다. 너무 많은 잘난 사람들이 충분히 비정했잖아. 노동자들 살아보자고 만든 진보정치가 노동자들을 껴안는 게 무슨 잘못이라고. 잃은 사람과는 잃은 것으로 어울리는 법 아니던가. 물질도, 생활 수단도, 존재의 가치도, 사회적 인정도, 인격적 존중까지도 잃은 사람들과.

우리는 일하고 싶다!

철탑 위에서 /2016

3장

농업 문제는
국가 존립의 문제

국민기초식량보장법

무제 /2012

2012년 여름 나락이 막 뜸물 들 때 태풍 볼라벤이 호남을 휩쓸고 지나갔다. 며칠이 지나자 나락 모가지가 하얗게 변해갔다. 수수방관하는 정부를 향해 분노한 농민들은 재해 보상을 요구하며 시퍼런 논을 갈아엎었다. 정읍 이평의 배들평야에서부터 김제, 고창, 익산 등으로 번져갔다. 자연재해보다 더 무서운 것은 정부의 무관심과 무대책이다. 이 그림은 그 분노의 현장을 그렸다. 절망과 울음의 바로 앞 현장은 생략했다. 자식같이 애지중지 키운 나락을 갈아엎는 것은 농민들도 차마 못할 짓이지만 나도 붓으로 표현할 수 없었다. 농민들은 이 그림 앞에서 그려지지 않은 그 장면을 귀신처럼 알아차렸다. **작가의 말**

01

당신이 진정한 애국자이십니다

2015년 11월 14일, 칠순 농민이 경찰의 물대포에 맞아 쓰러졌다. 학생운동에 뛰어들어 박정희 독재에 항거하다 투옥되고 제적당한 끝에 고향에서 농사지으며 농촌 살리려 애써온 분, 박근혜 정권 아래 생존의 위험에 처한 농민들 마음 전하자고 서울에 왔다가 물대포에 뇌 손상을 입었다. 한 농민의 삶이 대통령 부녀에 의해 두 번 흔들렸다. 돌아오지 않는 과거는 없다는 말이 맞는 것일까. 절망으로 둘러싸인 현실을 수십 년 정직한 삶으로 헤쳐온 분이 노년에 이르러 급기야 권력에 쓰러져야 하다니. 참담하다. 그분께 이 말을 바친다. 평생 우리 농업과 민주주의를 지켜오셨습니다. 당신이 진정한 애국자이십니다. 백남기 선생님.

02

국가가 배제한 '등외 국민'

2012년 이전에는 농촌과 농업에 대해 잘 알지 못했다. 농민들과 대화하면서도 쌀값이 얼마인지 어떻게 정해지는지 몰라 어물어물했다. 민주노동당 대표 시절 농민단체로부터 당이 농업 문제에 관심이 적은 것 아니냐는 항의를 들었다. 그때 나는 농민들의 조직적 지지로 만든 당이고 농민 출신 국회의원도 있는데 그럴 리 있느냐고 나름 반박하며 웃어넘겼다. 2012년 여름, 당은 갈라지고 나는 무너졌을 때, 모든 지위와 명예가 다 사라지고 나니 그제야 전에 내가 받은 항의가 괜한 것이 아니었구나 싶었다. 집단이 어떤 문제를 해결하기 위해 노력하는지 아닌지는 결국 그 집단을 책임진 사람이 그 문제에 대해 가진 관심과 이해와 절박함의 정도에 따라 달라지는 것이었다. 그런데 대표였던 내가 농업과 농민에 대해 아는 것이 너무나 없었다. 직접 관여하여 무슨 일이든 해본 것이 없었다. 담당자가 따로 있다는 것이 그럴 듯한 명분이 되었다. 내 몸에 배어들지 않았으니 표가 날 수밖에 없었던 것을 나중에야 알았다. 그 뒤 다른 자리에서 한 농민으로부터 또 같은 항의를 들었을 때는 반박하지 않았다. 고백했다. 농업 문제는 내 일이 아니라고 여겼기 때문이라고.

진보를 복기하다

늦게라도 알아야겠기에 자주 농민들을 만나러 갔다. 잡초 뽑으려다 콩 줄기 잘못 뽑으면 그것으로 끝, 돌이킬 길이 없다. 하나하나 정성을 쏟지 않으면 안 되는 것이 농사라는 것을 어설프게나마 알 것 같았다. 사람 일도 그러하지, 나는 얼마나 정성들여 대했던가, 밭을 매는 중에 저절로 돌아보게 되는 거다. 태풍에 가뭄에 애타는 마음이 눈에 보이는데 그 속에서도 사람 대하는 데는 넉넉한 농민들 모습이 처음에는 좀 낯설기도 했다. 그런데 그게 사람을 견디게 하는 것이구나, 누가 콕 집어 말해주지 않아도 차츰 느껴지는 거다, 신기하게도. 그해 가을, 500년 동안 대대로 가꿔온 마을 뒷산에 골프장이 들어서는 것을 막으려고 7년째 항의하고 있는 강원도 홍천 구만리 농민들을 만나러 갔는데, 갑자기 끌려들어간 이 싸움의 와중에 벌금도 맞고 고초를 겪다가 암까지 걸린 분 댁이었다. 다음 날 서리가 온다 해서 모두들 급히 그 댁 작두콩을 땄다. 며칠 뒤 대통령 후보 사무실로 콩 한 상자가 도착했다. 이번에도 별로 도운 일도 없는데 받은 것이 더 큰 경우다. 마침 한 신문기자가 인터뷰하러 왔기에 콩 한 봉지 들려 보냈다. 대통령 후보 인터뷰하러 와서 콩 받아 간 기자는 또 없겠지. 몹시 스산했던 2012년 가을과 겨울을 나도 그렇게 조금씩 견뎠다.

2012년 벼꽃 필 때 태풍 볼라벤이 남도를 휩쓸었다. 쭉정이만 남아 갈아엎는 논이 부지기수, 그해 가을 공공비축미 수매장에 갔더니 한

어르신이 쌀 수매하러 오셨는데 특등 못 받고 나니 얼굴이 몹시 어두워지셨다. 그렇지 않아도 쌀값이 떨어졌는데 등급까지 떨어졌으니. 간암으로 입원했다가 수매하러 나오셨단다. 다시 입원하러 가셔야 한단다. 뭐라 말을 이어갈 수 없었다. 대학 시절 농활 다녀온 뒤로 20여 년 넘어서야 다시 가본 농촌에서 나는 어릴 적 전래동화책 어디선가 읽은 고려장을 떠올렸다. 더 이상 가망이 없다며 병든 부모를 내다버리는 풍습이 어디엔가 있었다던가. 그래도 부모는 자식 걱정이었다는 거지.

농촌이 집단으로 고려장당하고 있다. 그래도 칠십팔십 어르신들은 땅을 일궈 국민들을 먹여 살리고 아스팔트 농사도 마다하지 않으신다. 절망 속에서도 씨를 뿌리는 삶이 이런 걸까. 우리 농민들이 이렇게 한생을 살아온 것을 보고 또 보니 나도 뭐라도 해야 한다는 생각이 커졌다. 대통령후보 TV토론회가 중앙선거관리위원회 주최로 세 번 열렸는데, 주제에 농업 문제가 들어 있지 않았다. 이래서는 안 되겠다 싶어서 일자리 분야 토론 때 농업 문제를 말했는데, 사회자도, 유력 야당 후보도 주제와 상관없다고 나를 탓한다. 고작 말 한마디 타박당한 나도 답답한데, 평생 가로막혀온 농민들은 어떨까. '등외 국민'이라고 자조하는 그 마음을 아주 조금 알 것 같았다.

'등외 국민'. 농민들은 국민 취급조차 받지 못하고 등급조차 매겨지지 못하는 버려진 존재라는 항의 표시가 이 말에 담겨 있다. 지독한 소외감을 느끼는 것이 당연하다 싶을 만큼 농촌은 몰락 일로에 있다. 농촌에서는 사람 그림자 찾기도 힘들거니와 젊은이 만나기는 더 어렵다. 순창의 채소하우스에서 상추 따는 분들의 손은 젊은 내 손보다 세 배는 빠르지만, 일어서면 허리 제대로 펴는 분이 없다. 이 할머니들 아니면 농촌에 일할 사람이 없단다. 장날이면 좁은 보건소며 한의원이 치료받으러 온 어르신들로 가득하다. 도시에서는 병원에 누워 계신 분들 만나는 선거운동은 엄두도 못 냈는데, 농촌에서는 시골 장터 한의원이 선거운동 최적지다. 전남 무안의 한 마을회관에 갔더니 이장님 마을방송에 동네 분들이 거의 다 모이셨는데, 한 분이 커피 타서 내주는 일을 도맡아 하셨다. 마을에서 가장 젊은 분이구나 싶어 여쭤봤더니 끄덕끄덕하신다. 칠십이시란다.

젊은 분들이 뭔가 해볼라치면 흉년이건 풍년이건 근심걱정 끊일 날이 없다. 벼농사는 점점 더 돈이 안 되어서 채소 해보려고 대출받아 하우스 지었더니 태풍이 왔네. 시설비 몇 천만 원이 하루아침에 빚으로 쌓인다. 창녕의 딸기하우스에 갔더니, 과일 하면 좀 나을까 싶어 새로 시작했는데 한미 FTA 발효로 오렌지 수입이 늘어나서 딸기 값도 예전 같지 않단다. 딸기는 수입 개방 안 되었으니 영향 없겠지 했던 짧은 생각이 이 한마디에 무너진다. 수확이 한창인 제주 무밭, 넓은 밭 한가득 무가 얼마나 실한지 어서 쑥 뽑아 한입 맛보고 싶다. 그런데 주인은 수확도 그날로 끝이고 더 이상은 뽑을 인건비도 못 주니 이제는 갈아엎을 수밖에 없다고 한다. 땅에 바친 시간이 얼마나 허망할까. 해마다 무슨 농사를 지어야 하나 불안하고 땅을 놀릴 수는 없어 농사지으면 오히려 빚이 늘어나는, 출구 없는 막막함이 농촌에 가득하다.

1980년 1천만 명이던 농민이 2012년 3분의 1 이하로 줄어 296만 명이다. 그 30년 동안 가축 사료를 포함한 식량자급률이 50%대에서 22%까지 떨어졌다. 농산물 시장을 개방하는 자유무역협정(FTA)은 물밀듯이 몰려온다. 한미 FTA도 모자라 한중 FTA, 한-호주 FTA, TPP(환태평양경제동반자협정)까지 한꺼번에 밀어닥친 농촌에서, 생산비나 건질 수 있을까 걱정 없이 재배할 수 있는 작물은 거의 남아 있지 않다. 농업이 벼랑 끝에서 추락하고 있다. 2015년 11월 14일, 전국농민회총연맹이 제안한 민중총궐기를 위해 3만 명의 농민들이 서울에 모였다. 대부분이 칠십 대, '걸을 힘만 있어도 서울 가자'고 모인 분들이다. 당신들은 인생의 막바지에 와서 이제 남은 힘도 없지만 지금 못 바꾸면 영영 농업은 망한다는 절박한 마음으로 새벽에 소여물 주고 올라온 분들이다. 물대포에 맞아 쓰러진 분도 바로 그중 한 분이었다. 평생을 민주화와 농업 살리기에 바친 칠순의 어르신이 이제 목숨까지 위태로워야 하다니, 세상은 왜 이다지도 가혹한가.

농민들의 망연자실한 눈길이 모이는 논밭에서 벌어지는 일들, 그 자신이 농민인 화가로서는 차마 그릴 수 없는 비극적 장면이다. 그러나 농민이라면 누구나 알고 있다. 아무것도 그려져 있지 않은 그곳에서 어떤 일이 벌어지는지. 그가 농민이기에 빈 화폭 위에서 붓을 내릴 수 있었으리. 그 마음을 잊고 싶지 않아 이 그림을 기억에 남겨두었다. 박흥규, 〈무제〉.

03

어쩔 수 없다는 생각에
사로잡혀 있지 않은가?

어쩔 수 없다. 정치의 일선에서 수도 없이 자주 듣는 말이다. 그러나 이 말에 갇혀 세상이 정해놓은 기준선에 따라 살고 싶지는 않았다. 세상이 이 방향으로 가도 모두가 함께 살아갈 수 있다면 선을 지켜야겠지. 그러나 아직 그 끝까지 가지 않았을 뿐, 이 방향으로 가서는 몰락할 수밖에 없는데 언제까지나 그 선 안에 머물러야 하나. 기준선을 바꿀 수 있는 유일한 수단이 정치인데, 정치마저 그 선 안에 갇혀 있으면 도대체 누가 세상을 바꾸겠다고 나설 수 있다는 것인가. 세상이 정해놓은 기준선을 바꾸려는 시도를 감행하고 싶었다. 현실과 동떨어졌다고 비난받거나 세상 물정 모른다고 조롱당하더라도 이것이 진보정치가 할 일이라고 생각했다.

가장 넘기 어려운 장벽처럼 보이는 선은 국제관계다. 그중에서도 경제 문제다. 자유무역협정을 빨리 체결하지 않으면 국제적인 수출 경쟁에서 뒤처지게 되고 그러지 않으려면 농업을 희생시킬 수밖에 없다는 고정된 인식이 마치 말라붙어버린 접착제마냥 단단하다. 자동차, 전자제품 수출시장 확보라는 국익을 위해 농업 분야 개방은 당연한 것처럼 치부되어왔다. 김영삼정부 이래 역대 정부들이 모두 그러했다. 사태가 악화된 결정적인 계기는 노무현정부의 한미 FTA 체결이다. 자신을 지지했던 사람들의 의견과 정반대의 길로 돌진한 노무현정부는 동시다발적 FTA 추진으로까지 나아갔다. 이명박정부가 한미 FTA 국회 비준을 강행 처리한 명분도 바로 노무현정부가 체결한 원안과 별반 다르지 않다는 점이다. 박근혜정부는 여기에 2015년 쌀 관세화로 쌀시장을 전면 개방했고 11월 30일에는 한중 FTA까지 국회에서 비준되었다. 농업은 자유무역협정 홍수에 잠겨버렸다.

어쩔 수 없는 것 아니냐. 집권세력이 진작에 농업을 버린 명분이다. 상임위 소위 회의장에서 회의를 기다리던 중, 한 농촌 출신 한나라당 의원이 이렇게 말했다. "농민들 농사 안 짓는다, 노는 땅이 얼마나 많은데. 농촌에는 복지 해주면 되지 농업 지원 필요 없다." 무척 놀랐다. 내가 듣고 있는 것도 거리낄 일 아니라고 여겼을까. 녹음이 시작되기 전 내뱉은 이 말에 그의 속내가 들어 있는 것이리라. 김대중정부에서 농림부 장관을 지낸 김성훈 교수는 몇 년 전 한 강연에서 "농림부 장관은 깡패 같은 사람이 해야 한다."고 직설적으로 토로했다. 그렇지 않으면 기획재정부를 비롯한 경제 부처들이 농업을 무시하고 희생을 당연시하는 것을 막아낼 수조차 없다는 것이다. 당시에도 그러했는데 한미 FTA를 밀어붙이기 위해 자신을 뽑아준 사람들을 시대 조류를 모르는 사람으로 치부하는 논리가 횡행했던 노무현정부 이후로는 얼마나 더했을까. 이명박정부 시절 윤증현 기획재정부 장관은 국정감사장에서 공공연하게 국내 농업 기반 몰락 문제에 대해 중국과 러시아에 해외 농지 확보하면 된다고 말했다. 실제 실행에 옮기기도 했다. 이제 우리 농민들 눈치 볼 것도 없다는 태도다.

제1야당 역시 '어쩔 수 없다'는 생각을 극복하지 못했다. 남는 말은 농업 피해 보상액을 늘리라는 것뿐이다. 개방은 어쩔 수 없고 피해까지 모른 척할 수는 없으니 보상은 어느 정도 되어야 한다는 주장이다. 서까래 부수고 벽돌 한 장 새로 갈아주는 셈이다. 농업을 포기한 논리라는 점에서 정부 여당과 다르지 않다. 2015년 11월, 새정치민주연합은 한중 FTA를 새누리당과 합의 처리하면서 '무역이득공유제, 밭농업 직불금, 피해보전직불금제, 수산업 직불금' 등 피해 산업 구제대책을 세웠다는 것을 변명으로 내세웠다. 이것을 의정활동 성과라고 자랑하며 농촌에 현수막도 걸고 주민들에게 문자도 보낸다. 한중 FTA에 합의해준 대가라는 말은 빼고.

그러나 이런 방식이 거듭될수록, 커지는 것은 국제 곡물자본의 힘과 농산물 수출국의 영향력뿐이고 우리 농촌은 몰락할 수밖에 없다는 것은 이미 드러난 사실이다. 노무현정부가 2004년 국제무역기구(WTO) 쌀 협상에서 미국의 압력에 의해 의무수입 물량을 크게 늘리고 가공용이 아닌 밥쌀용 쌀 수입까지 내준 데다 2015년 전면 개방 계획을 천명한 결과가 지금 어떠한가. 정부는 '쌀소득보전직불제'로 농민 피해를 보전하겠다고 했다. 그러나 의무 수입량이 매년 늘고 밥쌀용 수입쌀이 시중에 풀리면서 쌀은 남아돌고, 기준가격을 형성해주던 추곡수매제마저 폐지되니 시장가격은 자꾸 떨어지는데 생산비는 계속 올랐다. 얼마 되지 않는 직불금만으로 농업 소득을 보장할 수 없는 것은 당연했다. 박근혜 대통령은 후보 시절인 2012년, 쌀값을 80㎏당 17만 원에서 21만 원으로 올리겠다고 약속했다. 그러나 협상 한 번 새로이 시도해보지 않고 2015년부터 관세만 물면 누구나 쌀을 무한정 수입할 수 있게 전면 개방한 데다 이제 수입 의무도 사라진 밥쌀 수입까지 계속한 결과, 2015년 11월 쌀값은 15만 1644원, 1년 전보다도 9.1% 떨어졌다. 20년 전 쌀값이다. 20년 전 임금으로 일하라면 일할 사람이 누가 있겠나. 농민들이 지금 그런 처지다. 여기에 한중 FTA가 불러올 농업 파괴는 가공할 정도다. 중국에 농산물 시장이 개방되면 그나마 버티고 있던 약초, 도라지와 고사리 같은 나물, 양념 등 서구 시장에서 관심두지 않았던 부분이 모두 열리게 되고, 농민들은 수익을 올릴 수 있는 작물을 찾을 수 없게 될 것이다. 이 파국의 시작은, '어쩔 수 없다'는 생각에 갇혀 있었던 노무현정부에서부터다.

거대한 장벽처럼 보이는 국제 경제체제라고 뚫린 그물코가 없을 것인가. 그 사이를 헤쳐나갈 방법도 찾지 않고 무조건 안 된다고 하는 정부의 말을 어쩔 수 없다며 그대로 수긍할 수는 없다. 작은 구멍이라도 헤쳐나가면 그물을 벗을 방법도 찾아지지 않으리.

무엇보다 이 문제는 포기하거나 양보할 수 없는 것이다. 국가의 존립을 보장하는 문제, 자립적인 국가로 성장하는 차원의 문제이기 때문이다. 농업 문제가 농민들의 생존권 문제임은 더 말할 필요 없지만, 동시에 국가 자체의 존립 문제이기도 하다. 흔히 진보정치는 국가의 존재와 기능을 경시한다고들 여긴다. 그러나 오히려 진보정치는 국민을 보호하고 사회 각 분야를 조정하는 국가의 역할을 매우 중시한다. 국가의 전횡과 권력의 독재를 경계할 뿐이다. 다른 강대국에 존립을 의지하거나 그 입김에 휘둘리면 국가 사이에 이해관계가 충돌할 때 자국민의 권리를 지킬 수 없다. 외국의 경제력과 무력에 의존하고 외국의 식량과 에너지에 의존해서는 위기의 순간에 다른 나라의 요구에 따라 국민을 희생시키는 결과를 낳을 수밖에 없다. 1997년 유동성 부족으로 IMF 사태를 맞아 헐값에 은행과 알짜 공기업을 외국 자본에 팔아넘기고 IMF의 압력대로 외국 투자자의 고수익 창출을 위해 정리해고를 확대한 결과, 지금 우리 앞에 온 현실은 양극화와 비정규직, 청년실업, 불안한 노후뿐이지 않나. 이것이 우리 국민이 바라는 미래였던가. 정치·경제·군사 등 각 분야에서 자립성을 확보한 국가에서만 진보정치가 제대로 펼쳐질 가능성이 열린다. 국가의 자립성 확보는 진보정치의 선결 문제다.

제 땅에서 나는 농산물로 제 나라 사람들을 먹여 살리지 못하는
데 어떤 국가가 자립할 수 있나. 다수의 선진국들은 식량자급률이
100%를 넘어선다. 2010년 기준 호주의 식량자급률이 176%, 프랑스
164%, 미국 150% 등이다. 그런데 우리나라의 가축 사료를 포함한
식량자급률은 2011년 기준 22%까지 떨어졌다. 식량의 4분의 3 이상
을 외국에서 수입해야만 먹고살 수 있는 지경이 되었다. 식량수출국
의 작황이 나빠서, 그 나라 식량 사정 때문에 수출할 수 없는 상황
이 오면 우리는 어떻게 할 것인가. 국가의 첫 번째 책임이 국민을 먹
여 살리는 것 아니던가. 전 세계적인 기후변화, 다국적 곡물기업의
종자산업과 농산물유통업 장악, 광범위한 단작으로 토지는 피폐해
지고 국제적인 농산물 파동이 되풀이되고 있다. 앞으로 더욱 심각
해질 우려가 크다. 이런 상황에서 대부분의 식량 공급을 외국에 기
대는 것은 국가의 기본적 책임을 방기하는 것이다.

협상할 수 있는 것이 있고 아예 협상 대상에 올리지 말아야 할 것
이 있다. 농업이 그러하다. 그랬다가는 FTA로 빼곡히 채워져가는 국
제 경제체제 내에서 고립되지 않겠느냐, 칠팔십 대 어르신들만 남은
몰락하는 농촌으로 이 세계적 추세에 어떻게 대항할 수 있느냐는
질문에 대한 진보정치의 대답이 **국민기초식량보장법**이다. 기성 정치

에 물든 '어쩔 수 없다' 식의 농업 포기에 맞선, 농업을 살릴 진보정
치의 대안이 바로 이것이다.

04

정부 의지만 있으면
WTO의 벽도 넘을 수 있다

국민기초식량보장법은 농업을 살리기 위해 수십 년 애써온 전국농민회총연맹, 전국여성농민회총연합 등 여러 농민조직들이 함께 합의한 농민 요구의 결정체다. 농민 스스로 농산물 가격 결정권을 갖고 생산비를 보장받는 것, 소비자가 안전한 우리 농산물을 안정된 가격에 먹을 수 있는 권리를 보장받는 것, 농업을 살려낼 국가의 책임을 다하게 하는 것이 그 핵심 내용이다. 농업을 무너뜨릴 한미 FTA를 막으려다 의원직을 박탈당할 지경에 놓인 김선동 의원이 2012년 대표발의했다.

농민, 소비자, 정부가 함께 참여하는 '국민기초식량보장위원회'를 만든다. 위원장은 정부, 농민 대표, 소비자 대표 3인이 공동으로 맡고 위원에도 3자가 고루 포함된다. 이 위원회에서 쌀·밀·보리·콩·옥수수·배추·무·마늘·양파·고추·당근·대파·배·사과·감귤·한우부터 시작하여 곡물류·채소류·과일류·축산물류 중 우리 국민이 많이 소비하는 품목을 기초 농산물로 선정하고, 정부가 직접 구매 또는 농협 계약생산 등을 통해 그 전체 생산량의 3분의 1 이상을 수매하는 '기초 농산물 국가수매제'를 실시하는 것이다. 수매가격은 국민 기초식량보장위원회에서 미리 정해둔 수매가격 상한한 범위 안에서 생산비 보장 수준으로 위원회에서 결정한다. 농민이 위원장과 위원으로 고루 참여하는 위원회이니, 사상 처음으로 농민들의 사정을 반영해 농산물 가격을 정하는 길이 열리는 셈이다. 여기에서 결정하는 수매가가 시장가격의 기준을 형성하게 되면, 값이 얼마로 떨어지든 도매업자가 부르는 대로 받거나 차라리 갈아엎고 빚더미에 올라앉는 농민은 이제 사라진다. 농사지어 갑부 되겠다는 농민이 어디 있겠나. 생산비 보장되고 농사지어 자식 키울 수 있으면 된다는 농민들의 소박한 희망이 이 법안에 담겨 있다.

국민기초식량보장법은 농민뿐만 아니라 소비자에게도 매우 유용하다. 2010년 가을 배추 한 포기에 만 원이 넘는 가격 파동이 벌어졌다. 국민기초식량보장법이 시행되면 기초적인 농산물들은 소비자가 물가상승률 등을 고려해 함께 협의해 정해둔 상한선 이내의 가격으로 정부가 일정량을 수매해두게 되므로 채소값이 금값 되는 가격파동을 막을 수 있다. 이 법은 이에 더하여 영유아·아동·장애인·임산부·노인, 국민기초생활보장법상 수급권자와 차상위 계층의 영양상태 개선과 저소득층에 대한 기초농산물 할인 공급 대책도 별도로 마련해 식품 소비 양극화 문제도 해소하도록 하고 있다. 나아가 정부로 하여금 소비자에게 안전한 농산물 및 식품을 공급하는 안전식품 계획을 수립하게 하고, 여기에 유기농산물과 친환경농산물의 생산 및 소비 확대, 학교급식 공급 확대, 국내산 식재료 조달 체계 만들기, 지역 단위 식품 공급 체계 활성화, 식품 안전관리 체계 확립, 고유 식문화 유지 발전, 식품 양극화 해소를 위한 식품 최저소비선 설정과 달성 노력 등의 내용을 포함하게 하고 있다. 한마디로, 가까운 곳에서 생산된 건강하고 안전한 우리 농산물을 누구나 고루 먹을 수 있게 하자는 것이다.

농산물 가격이 떨어질 때 수매로 생기는 손실은 농산물국가수매기금에서 보전하고, 농산물 가격이 급등할 때는 수매된 농산물을 안정된 가격에 공급하고 남는 이익을 이 기금에 채워 넣는다. 그 성과에 따라 기초 농산물의 범위를 차차 늘려나가게 될 것이다. 이 기금 운용을 담당할 농협이 농민들의 생산과 판매를 돕는 진정한 협동조합으로 제자리를 찾는 것 또한 제도의 성공을 위해 매우 중요하다.

이 법안 시행의 전제는, 농민·소비자·정부가 함께 기초농산물과 주요 식품의 적정한 자급 목표를 설정하는 것이다. 식량자급률이 적어도 50%로는 회복되어야 최소한의 안정성이 확보되지 않을까. 쌀값하락을 방조하고 FTA에 농업을 희생시켜 농업 몰락을 유도해온 정부 정책을 전면 전환함으로써, 가장 먼저 농업재생산을 가능하게 하고, 멀지 않은 시간 내에 최소한의 안정성을 확보하며, 장차 통일 한반도의 식량을 우리 농민들이 함께 책임져야 한다는 점을 감안하여 식량자급률 목표가 설정되어야 할 것이다.

국민기초식량보장법의 밑그림은 이미 지역 수준에서부터 그려져왔다. '농작물 가격안정기금 조례'가 민주노동당 시절부터 농민 출신 지방의원들에 의해 추진되어온 것이다. 음성, 진천, 나주, 무안, 함평, 고흥, 제주도에서 제정·시행되는 가격안정기금 조례들은, 각 지역의 주요 농작물 몇 가지에 대해 가격안정기금을 마련해 가격이 일정 수준 이하로 떨어질 때 보상해주는 내용을 담고 있다.

국민기초식량보장법안은 본격적인 법안심의에 들어가지 못하고 임기만료로 폐기될 상황에 놓여 국회 내에서는 이렇다 할 반론이 나오지도 않았다. 다만 기초농산물 국가수매제가 농민단체들에 의해 처음 제기될 때 정부가 WTO가 정한 보조금 한도를 초과하므로 불가능하다고 반대했으나, 이 주장은 법 제정에 장애가 되지 않는다. 문제는 보조금 한도가 아니라 정부의 의지다. 각국의 농업보조금을 제한하는 WTO 협정에 따르더라도, 우리나라는 '감축보조'와 '허용보조'를 활용할 수 있다. 감축보조금(AMS)은 무역 및 생산 왜곡 효과가 있다는 이유로 우루과이라운드 협상의 이행 기간 내에 일정 목표 수준까지 감축해야 하는 보조금으로 과거의 추곡수매자금, 현재의 쌀 변동직불금 같은 것들이다. WTO 협정 아래서 우리나라가 감축 대상 보조금으로 쓸 수 있는 한도액은 1조 4천 900억 원으로, 이 금액을 넘어 지출할 수 없다. 그러나 그밖에도 WTO 농업협정에 따라 선진국은 품목생산액 및 농산물생산액의 5% 이하, 개도국은 각각 10% 이하의 허용보조금을 쓸 수 있고, 우리나라의 경우 농업 총생산액이 40조 원가량이므로 그 10%인 4조 원을 허용보조금으로 활용할 수 있다. 하지만 가격지지 정책 등에 쓸 수 있는 허용보조금을 정부는 그동안 10분의 1가량만 사용해왔다. WTO 보조금 한도가 많이 남아도는 셈이다. 우루과이라운드 협상과 WTO 출범으로 가격지지 정책을 축소하기로 한 것은 사실이지만, 여기에 따르더라도 감축 대상 보조금 한도 1조 4천 9백억 원과 허용보조금 한도 4조 원을 더하면 5조 4천 9백억 원가량을 농업에 대한 보조금으로 쓸 수 있고, 이것으로 국민기초식량보장법 시행을 시작할 수 있다.

05

다국적 곡물자본 횡포에 맞서
'농민의 권리' 확보해야

농업을 살리기 위한 이런 조치들이 실행되고 더욱 발전되기 위해서는 '농민의 권리'에 대한 인식과 존중이 밑받침되어야 한다. 다국적 곡물자본이 씨앗을 개발하고 판매하면서 그 농업기술에 관한 지식을 독점하고, 유전자재조합(GMO) 작물을 퍼뜨려 생태계를 파괴하며 농업 생산에서 만들어지는 부를 독점하는 현실에서, 농민은 더 이상 씨앗을 고르고 보존하며 퇴비를 마련해 자연의 순환에 기초해 농작물을 키워내는 생산자가 아니라 독점적 농업기업이 만든 일회용 종자와 그에 따른 맞춤형 농약을 사는 소비자로 위치를 바꾸도록 강제당한다. 농민은 해당 기후와 토양에 최적화된 농업지식의 계승자이자 개발자라는 지위를 잃고 독점적 농업기업의 매뉴얼대로 작업해 납품하는 '단순 농업노동 제공자'로 전락한다.

국제사회는 **식물유전자원조약**에서 '농민권(farmer's right)'을 명시했다. 식물유전자원조약 제9조 2항에서 "체약 당사자는 식량 및 농업을 위한 식물 유전자원과 관련된다는 점에서 농민권을 실현할 책임이 국가 정부에 있다는 데 합의한다. 농민의 필요와 우선순위에 따라 각 체약 당사자는 적절한 경우 국내 법령에 따라 다음과 같이 농민권을 보호 촉진하는 조치를 취한다."고 하고, "식량 및 농업을 위한 식물 유전자원과 관련된 전통적 지식 보호, 그 식물 유전자원의 이용으로부터 발생하는 이익의 공유에 공평하게 참여할 수 있는 권리, 식물 유전자원의 보전 및 지속가능한 이용에 관련된 문제에 대한 국가적 차원의 의사 결정에 참여할 수 있는 권리"를 농민권의 구체적 내용으로 거론한 것이다. 이처럼 국제사회는 다국적 곡물기업에 의한 독점의 결과 농업이 획일화되고 농민의 존재 가치가 하락하는 것을 막기 위해 전통적으로 농업의 주체로 살아온 농민의 권리를 확인하고 이를 증진시키기 위해 노력하고 있다. 그 지역에서 대대로 재배되고 개량되어 정착된 종자를 보존·개량하는 종자의 주인으로서 농민의 권리를 인정하고 그 지식을 존중하며, 관련 분야의 의사 결정과 이익 공유에 참여할 수 있는 권리를 농민 자신의 것으로 보장한다. 우리나라는 아직 이와 같은 국제적 논의의 성과를 받아들이고 있지 않다. 다만 2014년 10월 선포된 충남도민 인권선언이 "충청남도의 농어민은 기본적인 소득을 보장받으며 지속가능하고 안전하게 농어업을 할 권리가 있다."고 하여 추상적인 수준이지만 농어민의 권리를 선언한 것이 눈에 띈다. 전통농업의 장점을 살려 한국 농업 고유의 발전을 도모하려면 '농민의 권리'를 법적으로도 확보하는 일을 더 미루지 말아야 한다.

의존과 몰락의 위험에 빠져들기를 거절하고 자립과 공존의 길로 가야 한다. 이것이 진보정치다. 불가능하지 않다. 이미 다른 세상을 시도하는 많은 움직임들이 전 세계에서 벌어지고 있다. 농업을 살리기 위해 국가가 적극적인 노력을 기울여야 한다. 농업은 원천적으로 자유무역의 대상에서 제외되게 해야 한다. 한국은 일본에 이어 이미 세계 2위 GMO 수입 대국인데도 FTA·TPP 등에 따라 미국 등 농업 수출국의 GMO 수입 확대 요구에 시달리고, 가공품에는 GMO가 사용된 것인지 제대로 표시조차 되지 않는다. '완전표시제'를 실시하는 것부터 시작하여 GMO 수입은 중단해야 하고 GMO 작물 경작을 허용해서는 안 된다. 농업의 다양성을 살리는 방향을 택해야 농업의 발전이 제대로 이루어진다. 다양한 농산물을 가까운 지역사회에 공급하는 체계를 확충함으로써 화학비료 의존을 줄이고 땅의 힘을 유지시키며 병충해나 자연재해로부터 오는 피해에 대처할 여지를 키울 수 있다. '농업 대기업'이 아닌 '소농 가족농' 중심의 운영이 장려되어야 한다. 대기업의 획일적인 생산 방식을 따르는 농업노동자를 늘릴 것이 아니라, 농촌 어르신들이 경험을 통해 체득한 토양과 기후에 맞는 농업기술을 전수받고 발전시켜 후대에 이어주는 소농이 생산자협동조합과 농협으로부터 지지받으며 확산될 수 있게 해야 한다. 토종종자를 보존하고 육성할 농민의 권리 또한 보장되어야 한다. 헌법 제121조 1항에 "국가는 농지에 관하여 경자유전의 원칙이 달성될 수 있도록 노력하여야 하며, 농지의 소작제도는 금지된다."고 되어 있지만 농지 임대차와 위탁경영을 인정하면서 2006년 기준 전체 농지 중 임대차 면적은 43%, 임차농 비율은 무려 62.5%다. 헌법상 경자유전 원칙을 되살리고 농지를 투기의 대상이 아닌 식량생산의 터전으로 되돌리는 농지법 전면 개정이 필수적이다.

삶의 현장 바꾸어낼 사람 키우는 것도
진보정치의 책임

정치의 역할은 정책을 내는 것이라고들 한다. 그러나 정책 그 자체가 나라를 구하는 것은 아니다. 결국 사람이 하는 일, 사람이 나서야 세상이 바뀐다. 깊은 숲 속에 버려진 부모를 다시 찾아가 모시고 오는 사람들이 있어야 하지 않나. 누구에게 그 무거운 책임을 맡길 것인가. 농촌에 사람이 없는데 누구를 시킬 것인가. 지금 농업의 현실은 진보정치가 목소리를 전하고 정책을 내는 것으로 바꿀 수 있는 정도가 아니다. 그럴 수 있는 때는 오래전에 지나버렸다. 진보의 꿈을 가진 사람들이 더 많이 농업 문제를 알아야 하는 것은 물론이고, 지금은 이들이 스스로 농민이 되어 우리 농업을 이어나가고 키워내야만 하는 때다. 그래야 농업을 몰락에서 벗어나게 할 수 있다. 진보정치는 정책을 만들고 실행하는 정치세력이 되는 것으로 책임을 다했다고 여기지 않는다. 진보정치는 정말로 세상을 바꿔내기를 원한다. 그러하기에, 진보정치의 책임에는 삶의 현장을 바꿀 수 있는 사람을 키우고 그가 동료들과 함께 그 변화의 주인공이 될 수 있게 북돋는 것까지 모두 포함된다. 농촌이 바로 이런 진보정치의 책임을 다할 현장이다. 매우 가치 있으나 이름나지 않는 고단한 삶, 진보정치는 이렇게 살아갈 사람들을 키운다. 그래서, 안타깝지만 아름답다. 그것이 진보정치다.

4장

인간답게 살기 위해 필요한 것들을 나라에 요구할 권리

물 · 전기 · 가스
무상공급제

누구든 그 스스로 완전한 섬이 아니다. 모든 사람은 대륙의 한 부분이며, 대양大洋의 일부이다. 흙덩이가 바다에 씻겨 내려가면 유럽은 그만큼 작아지며, 어떤 높은 곳이 바다에 잠겨도 마찬가지. 그대의 친구들 혹은 그대 자신 소유의 땅이 물에 잠겨도 마찬가지니라. 어떤 사람의 죽음도 나를 감소시킨다. 왜냐하면 나는 인류에 속해 있기 때문이다. 그러므로 누구를 위해 종을 울리는지 알려고 사람을 보내지 마라. 종은 바로 그대를 위해 울리느니.

— 존 던John Donne, 명상 17 「위급한 경우의 기도문」에서

최영미, 『내가 사랑하는 시』. 해냄, 2009.

01

착하디착한 사람들

2014년 2월, 서울 송파구의 세 모녀가 번개탄을 피웠다. 35세, 32세였던 두 딸은 어려운 생활과 지병으로 신용불량자가 되었고, 병원비 부담 때문에 치료도 받지 못했다. 60세 어머니가 150만 원 받고 해오던 식당 일도 한 달 전 팔을 다치고는 그만둬야 했다. 막막한 절벽 끝에서 하늘로 날아오르는 마지막 순간에 그들은 집주인에게 "정말 죄송합니다."라는 메모와 함께 월세로 50만 원, 공과금으로 20만 원을 남겼다. 이 착한 사람들이 도대체 왜 떠나야 하나. 죄송하다고 해야 할 사람들은 따로 있는데, 정작 정부는 "있는 복지제도를 활용하지 못해 안타깝다."는 말밖에 하지 않는데, 왜 이 세 모녀가 죄송하다고 해야 하나.

> 주인 아줌마께...
> 죄송합니다.
> 마지막 집세와 공과금 입니다
> 정말 죄송합니다.

세 모녀의 마지막 말

인간답게 살기 위해 필요한 것들을 나라에 요구할 권리

GDP(국내총생산) 세계 11위 대한민국에 세 모녀의 삶을 지켜줄 복지제도가 없었다. 국민기초생활보장법상 수급자에 대해 기초생활수급비가 지급되지만 성인 가족이 있으면 노동 능력이 없음을 증명해야 하니 수급자에 선정되기조차 어렵고, 지원되는 것으로는 희망 없는 최저생활만이 가능할 뿐이다. 가스비와 수도요금이 할인되어도 무료는 아니니 여전히 돈이 필요하다. 2010년 10월, 한 건설 일용노동자가 장애가 있는 아들의 병원비를 내지 못하고 수급 신청을 했다가 아버지가 근로 능력이 있으므로 수급을 받지 못한다는 말을 듣고 "아들이 나 때문에 수급 못 받는다"며 목숨을 끊었다. 생활 능력이 없는데도 수급자가 되지 못하는 복지 사각지대에 있는 사람에게는 더 절망적인 것이 지금의 기초생활보장제도다. 복지 사각지대에서 안타까운 희생은 끊이지 않는다. 2012년 겨울, 부양의무자 기준때문에 수급자가 되지 못하던 전남 고흥의 할머니와 6살 손자가 화재로 사망했다. 전기요금 15만 원 남짓을 내지 못해 촛불을 켜고 자다가 발생한 사고였다. 송파 세 모녀 사건까지 벌어지자 한전이 전류제한 조치를 일부 유예해 이제는 전기요금을 못 내도 최소한의 전기는 지급되지만, 전기·가스 요금조차 제대로 내기 힘든 '에너지 빈곤층'은 아직도 130만에서 200만 가구로 추산된다. 정부는 2015년 12월부터 에너지 취약계층에게 에너지 이용권을 지급하는 에너지 바우처 제도를 실시해 난방에너지 구입을 지원하지만, 4개월 동안 지급되는 지원비는 가구당 총 10만 원 정도로, 겨울철 한 달 난방비에도 미치지 못한다.

헌법 제34조는 "모든 국민은 인간다운 생활을 누릴 권리가 있으며 국가는 이를 위해 사회보장 및 사회복지 증진에 노력할 의무가 있다."고 선언하지만 제도가 마련되어 있지 않으면 공치사일 뿐이다. 삶을 유지하기 위한 사회적 지원을 요구하고 받을 권리를 복지·주거·교육·의료의 생활 필수 분야에서 폭넓게 보장해야 한다. 육체적·정신적 건강을 유지하기 위해 최소한의 보건 및 환경을 유지하고, 음식을 해 먹을 수 있어야 하며, 체온을 유지할 수 있게 난방을 해야 하는 것은 당연하다. 그렇기에 물·전기·가스 이용권은 생존권 차원의 문제다. 여기에서 한발 더 나아가서, 물·전기·가스는 생활 필수 공공재로서 누구에게나 인간다운 존엄이 보장되는 수준에서 사용할 수 있도록 보장되어야 한다. 적극적인 사회보장을 요구할 권리다. 이 땅에 살아 숨 쉬고 있다면 누구나 인간다운 존엄을 유지하기 위해 꼭 필요한 것들은 이 나라에 요구할 권리가 인정되어야 하지 않나. **물·전기·가스 무상공급제**를 구상한 계기다.

02

물·전기·가스 무상공급제의
실행 로드맵

물·전기·가스 무상공급제는 인간다운 존엄을 유지하기 위해 필수적인 에너지만큼은 무상으로 공급하고 평균 사용량을 넘는 부분에 대해서는 가파른 누진제를 적용하는 것이다. 이로써 누구에게나 생활하는 데 꼭 필요한 만큼에 대한 무상 이용권을 보장하고, 대신 초과 사용량이 많을수록 더 많은 요금을 부과함으로써 에너지 절약을 강제한다. 무상공급에 투입되는 비용은 평균 사용량을 초과하는 부분에 대한 강력한 누진제로 충당한다. 아껴 쓰면 무상, 펑펑 쓰면 많이 내도록 요금 체계를 조정하는 것뿐이므로, 로드맵 실행 단계에 들어서면 에너지 공급총량 대비 요금 총액은 현행대로 유지된다. 물·전기·가스 무상공급제 실시를 위해서는 사전 단계에서 에너지 빈곤층에 대한 긴급조치에 드는 일부 비용 외에는 별도의 국가 예산 투입이나 공기업에 대한 추가 출자가 요구되지 않는다. 산간 오지의 물값이나 중소 도시의 도시가스 요금이 수도권보다 비싼 문제를 해소하기 위한 시설 투자 또는 보조금 지원 등의 필요성은 물·전기·가스 무상공급제와 무관하게 이미 제기되어왔던 것이기 때문이다.

물·전기·가스는 인간다운 생활을 영위하는 데 없어서는 안 될 필수 공공재다. 이미 프랑스에서는 2005년부터 전기·가스를 생활 필수재로 규정하고 '일차 생필품 기본요금'을 도입해 저소득층에게 가족 수에 따라 일정량을 무상공급하고 있다. 진보당이 설계한 물·전기·가스 무상공급제는 생활 필수 공공재에 대한 정부와 지방자치단체의 공급 책임을 분명히 하는 데서 출발해, 사전 단계 및 2단계 실행 로드맵으로 구성되어 있다.

제도 도입을 준비하는 사전 단계에서는 먼저 에너지 빈곤층에 최저 생계 필요 에너지량만큼 무상공급을 실시해 이들의 에너지 기본권 침해 상태를 긴급히 해소한다. 이들이 그동안 국가와 사회에 요구하지 못한 생존권을 보장하고 불의의 비극적 사고가 다시 일어나는 것을 막기 위해서다. 2014년에도 전기요금을 할인받은 가구가 229만 가구인 점을 감안하면, 이보다 적은 수로 추정되는 에너지 빈곤층에 대한 최저 필요량 무상공급은 그리 어려운 일은 아닐 것이다. 정부가 이에 필요한 비용을 예산에서 지출한다 하더라도, 2015년부터 시행하는 에너지 바우처 예산도 이 긴급조치 예산으로 돌릴 수 있으므로 추가 예산 부담은 크지 않을 것이다.

로드맵 1단계는 전체 가구에 최저생계 필요 에너지량까지만을 무상공급하는 것이다. 생존권 보장 단계다. 물은 UN(국제연합)의 권고 기준인 1인당 하루 100ℓ(하루 0.1㎥, 월 3㎥)를 최저생계에 필요한 무상 공급 기준으로 하고 그 이상은 누진 구간으로 설정한다. 전기와 가스는 다른 최저 기준이 없으므로 우선 최저생계비 산정 기준까지를 무상 구간으로 하고 그 이상 평균 사용량까지는 현행 요금제도를 적용하며, 평균 사용량을 넘는 경우는 누진율을 더 인상하는 3구간으로 편성해 제도 시행에 들어갈 수 있다. 이렇게 되면 현재 기초생활보장 수준을 수급자가 아니더라도 모두에게 보장하는 것이 되고, 에너지 사각지대를 없애는 효과가 발생할 것이다. 최저생활수준의 빈곤층은 무상, 평균 사용층은 현행 그대로, 과소비층은 더 많은 요금을 내게 된다.

로드맵 2단계는 기본 필요 에너지량을 설정해 여기까지 무상공급 구간을 넓히는 것이다. 현재의 최저생계비 산정 기준은 극히 최소한의 생존만을 보장하는 것으로, 인간다운 존엄이 유지되는 생활에는 미치지 못한다. 따라서 존엄 유지가 가능한 선으로 기본 필요 에너지량을 설정해 여기까지 무상공급 구간을 넓히는 것이다. 각 개인이 가지는 '사회보장을 받을 권리'를 적극적으로 실현시키는 단계다. 역시 3구간으로 편성하는데, 기본 필요 에너지량까지는 무상으로, 평균 사용량까지는 현행 요금제도로 하고, 평균 사용량을 넘는 경우는 누진율을 로드맵 1단계보다 더 인상한다. 이로써 물·전기·가스 무상공급제는 모두에게 인간다운 존엄을 유지할 정도의 에너지 기본권을 무상으로 보장하는 헌법의 복지 기준을 충족시키는 보편적 복지정책으로 자리 잡게 된다. 또한 에너지 과소비층에게는 강력한 에너지 사용 억제책으로 작용하므로 과소비를 막는 친환경적 정책으로도 기능하게 된다.

이 정책을 시행하기 위해서는 먼저 에너지 사용 및 비용 실태를 면밀히 조사해야 한다. 제도 시행을 위해 한전 등 공급자, 무상 구간 수급 당사자, 복지 전문가, 에너지 감축 전문가 등 각계의 참여를 보장하는 '에너지 기본권 보장을 위한 시민위원회'를 만든다. 여기에서 에너지 기본권 보장과 에너지 감축이 동시에 실현될 수 있도록 종합 정책을 세운다. 무상 구간 설정도 합의에 기초해 결정한다. 지방자치 단체 차원에서도 에너지 기본권 보장을 위한 주민위원회를 만들어 지역 사정에 기반한 구체적인 논의가 이뤄지게 한다. 전기·가스 요금 체계 개편과 관련해서는 국회의 심의를 거쳐야 한다.

이를 위해 함께 이루어져야 하는 몇 가지 조치가 있다. 산업용 전기 요금 체계를 정상화하고 적극적인 에너지 감축정책을 병행해야 한다. 2012년 기준, 산업용 전력 사용량이 전체 전력 사용량의 55%를 넘어선다. 특히 전체 사업장의 0.1%인 500개 대규모 사업장에서 사용하는 산업용 전기 사용량이 가정용 전체 전기 사용량의 84%에 달한다. 그러나 산업용 전기 평균 단가는 95원으로 주택용 116원의

82%에 불과하다. 2005~2011년 산업용 전력 수요 증가율은 연평균 6.3%로 주택용 3.4%에 비해 월등히 높다. 재벌대기업이 누리는 산업용 전기요금 특혜가 각 가정의 전기요금 부담이 높아지는 주원인인 셈이다. 산업용 요금을 정상화해 가계의 과도한 부담을 줄이고 산업 분야의 에너지 과소비를 억제해가야 한다. 에너지 소비가 계속 늘면서 지구온난화가 가속되고 생태계 파괴 위협이 늘어날 뿐만 아니라, 정부는 과도한 수요 예측을 핵발전소를 증설하는 데 근거로 활용해왔다. 전력 소비량의 다수를 차지하는 재벌대기업과 산업용 전력에 대한 요금 특혜를 폐지하고 최소한 가정용 요금 수준으로 인상하여 에너지 감축을 유도해야 한다. 아울러 가정용 에너지에 대해서도 도시가스 등 난방비 절감을 위한 주택 개량 등 에너지효율화 사업을 적극적으로 추진해야 한다. 에너지 자립과 전환을 위해 가정용 태양광 발전기 등 소규모 친환경 재생에너지 공급 체계를 확산시키고, 빗물 저장 활용시설 설치 등 마을 단위 친환경 재생에너지 공급 체계를 확충해 가구당 에너지 비용 절감 정책을 추진하는 데 재정을 투입해야 한다.

물·전기·가스 무상공급제는 보편적 복지이면서도 저소득층에게 더 확실한 생활 안정 효과를 발휘하는 제도다. 국민 모두에게 기본생활에 필요한 가정용 물·전기·가스를 무상으로 공급하여 인간다운 존엄이 유지되는 생활을 보장하면서도, 생활 안정 효과는 복지 사각지대에 있는 저소득층에게 가장 분명하게 드러난다. 공공요금 자체가 이미 저소득층 생활비의 상당 부분을 차지하고 있기 때문이다. 비정규직 여성노동자가 혼자 일해 월세와 수도, 전기, 가스비 등 주거비용을 감당하면서 인간답게 살아갈 희망을 찾기 어려운 현실이 송파 세 모녀 비극에서 드러나지 않았나. 2014년 국내 가구당 한 달 평균 연료비는 11만 원이지만, 겨울철에는 난방을 해야 하니 연료비가 2배 수준으로 급등한다. 2008년 통계청 조사에 따르면 소득 1분위(하위 10%) 가구 중 소득 대비 광열비 비율이 10%를 넘는 가구가 69.2%나 되었다. 소득 2분위만 되어도 이런 가구가 27.5%로 줄어들 만큼, 저소득층일수록 물·전기·가스 요금은 생활에 적지 않은 부담이 된다. 더구나 하위층 소득은 2009년 이래 계속 줄고 있지만 가계지출 가운데 연료비 비중은 오히려 늘어나고 있다. 연료비 가격이 올라도 최소량의 에너지는 생존을 위해 소비하지 않을 수 없기 때문이다. 부양의무자 기준을 충족하지 못해서, 일자리를 구해 돈을 벌게되어 기초생활보장을 받지 못하고 사각지대에 있는 사람들이 2015년에도 340만 명, 이들은 독자적 생활능력을 갖추지 못해 210만 명의 수급자 못지않게 힘겨운 생활을 영위하지만 사회보장에서 제외된다. 빈곤층은 아직도 800만 명에 이르고, 65세 이상 노인 인구의 절반이 빈곤층으로, OECD 1위다. 이들 대부분은 이전에도 최저생활 수준의 에너지만을 사용하던 계층이므로, 물·전기·가스 무상공급제 1단계가 시행되면 이들은 사실상 요금을 낼 필요가 없게 될 것이다.

물·전기·가스 무상공급제 구상이 만들어진 2014년 봄, 진보당은 6월 지방선거를 치를 수 있는지조차 알 수 없는 상태에 있었다. 박근혜정부는 2013년 11월 5일 헌법재판소에 통합진보당 해산심판을 청구했고, 동시에 정당활동 정지 가처분신청까지 냈다. 정부는 진보당이 더 이상 국고보조금을 지급받게 두면 안 된다면서 2013년 12월 15일 이전에 가처분 결정을 내리라고 헌법재판소를 압박했고, 지방선거를 앞두고는 위헌 정당이 지방선거에 참여하게 놓아두면 헌정질서가 위태로워진다면서 다시 지방선거일 이전에 가처분 결정을 내리라고 또 다시 압박했다. 당 활동이 정지될지도 모르는 최대의 위기상황에서 지방선거를 치르면서, 물·전기·가스 무상공급제 구상은 로드맵을 만드는 것 이상으로 더 나아갈 수조차 없었다.

03

멈춰 서버린
무상교육·무상의료의 꿈

박근혜 대통령은 후보 시절 "내 아버지의 꿈은 복지국가"라며 복지공약들을 앞세웠다. 그러나 역사교과서 국정화로 그 아버지의 친일행각 세탁만 추진될 뿐, 복지공약들은 줄줄이 파기되는 중이다. 2014년부터 시작해 2017년에 전면 실시하겠다던 고교 무상교육은 2016년에 들어섰는데도 시작조차 되지 않았다. OECD 34개국 가운데 고교 무상교육을 하지 않는 나라는 대한민국뿐이다. 반값등록금 공약은 파기되었다. 기초연금을 65세 이상 모든 노인에게 월 20만 원으로 인상해 지급하겠다던 공약은 실제로는 하위 70%에게만 차등 지급하는 것으로 축소되어버렸다. 만 3~5세 누리과정 무상보육 공약 시행 예산은 각 지방자치단체와 교육청 부담으로 떠넘겨졌다.

약속된 복지 확대 공약도 시행되지 않고 있는 사이, 희생자는 계속 생겨난다. '장애인 활동보조인제도'가 시행되기 시작했지만 중증장애인에게 필수적인 24시간 활동보조는 아직도 먼 나라 일, 2012년 10월, 활동보조인이 퇴근한 사이 김주영 씨가 화재로 사망했고, 2014

년 4월 송국현 씨는 장애등급 제한에 걸려 활동보조 지원 신청을 하지 못했다가 역시 화재를 피하지 못하고 세상을 떠났다.

24시간 활동보조 요구하는 중증 장애인 ⓒ비마이너
"24시간 활동보조만이 나의 생명을 이어간다. 저도 화재가 무섭습니다. 활동보조 24시간이 필요합니다. 꼭!"*

합리적 설명조차 없이 복지가 줄어든다. 건강보험은 2011년 이후 줄곧 흑자로 17조 원이 쌓였고 2021년까지도 흑자라는데, 건강보험 보장률은 2009년 이후 줄곧 떨어져 2013년에는 62.0%까지 곤두박질쳤다. 며칠 입원했느냐에 상관없이 전체 입원료의 20%였던 본인부담률이 2016년 7월부터는 입원한 지 16일부터 30일까지는 25%, 31일 이후에는 30%로 인상된다.

* "나의 생명과도 같은 활동보조 24시간 보장하라" (하금철 기자, BeMinor, 2014. 7. 2)

집권세력은 복지 확대 약속을 뒤집으면서 포퓰리즘이다, 재벌가 손자가 무상급식 받을 필요가 있느냐, 거짓말로 복지혜택을 받는 비도덕적인 사람들이 있다, 경기가 안 좋으니 기업을 먼저 살려야 하고 그러려면 복지를 줄여야 한다, 남북대치상황에서 안보가 더 시급하니 무기구입 예산 늘리려면 복지예산을 줄여야 한다는 등 온갖 이유를 내세운다. 그러나 그 모든 이유가 생겨난 근원은 하나, 복지를 권리가 아닌 시혜로 인식하는 것이다. 복지를 국가가 주는 시혜가 아니라 각 개인이 국가에 요구하는 권리로 인정하는 근본적인 시각의 변화가 이루어져야 이 논쟁이 마감될 수 있다.

유럽연합 기본권헌장(EU Charter of Fundamental Rights) 제34조는 "사회적 배제와 빈곤에 맞서 싸우는 데, 유럽연합은 충분한 자원을 결여한 사람들이라도 최소한의 위엄 있는 삶을 영위할 수 있도록 사회적 지원 및 주거 지원을 받을 권리를 인정하고 존중한다."고 정한다. 인간 생활에 필요한 물질적 지원을 받는 것은 더 이상 시혜를 베풀고 수혜를 받는 차원의 일이 아니라, 국가공동체에 대해 각 개인이 요구할 수 있는 권리로 보장되는 것이고 공동체가 각 개인에게 마땅히 해야 하는 의무라는 시각이 이 헌장에 담겨 있다. 시혜 요청은 이유를 들어 거절할 수 있지만 권리 행사에 따른 의무 이행은 거부할 수 없다. 복지를 권리로 시인하는 것은, 각 개인이 살아갈 가치가 있으며, 마땅히 인간으로 살아갈 수 있도록 공동체에 의해 보장받아

야 하는 존엄한 존재라는 인식, '인간 존재에 대한 존중'이 있어야 가
능하다. 보편적 복지정책은 이러한 인식의 확산에 기초한 것이다.

민주노동당이 내걸었던 무상교육·무상의료의 꿈은 컸다. 암부터 시
작하여 다른 질환들로 무상의료가 확대되기를 바랐다. 건강보험 보
장률을 90%까지 올리고 연간 병원비 100만 원 상한제로 의료비 걱
정 없는 세상을 만들려 했다. 고등학교까지 무상교육, 대학등록금은
반값으로, 돈 없어도 공부할 수 있게 바꾸고 싶었다. 인간다운 존엄
이 보장되는 수준으로 최저생계비를 올리는 것도, 복지 사각지대를
없애는 것도 멀지 않았으리라 여겼다. 그러나 박근혜정부 집권과 진
보당 해산, 야권의 지리멸렬한 모습 속에 그 꿈은 멈춰 세워졌다. 청
년들이 '헬조선'이라 부를 만큼 극단의 양극화로 치닫는 한국 사회
에서, 그 꿈은 오히려 뒤로 밀려나고 있는 것 아닐까.

04

복지 확대의 필수요건,
조세재정의 변화와 내적 성장

복지 확대를 계속 이뤄내려면 조세재정 분야의 변화가 필수다. 이것 없는 복지 확대는 허구이고 조세재정 분야의 변화를 만들어내지 않는 정치는 무책임하다. 국민기초생활보장제도 등 주요 복지 항목들은 보험 방식 운영이 아니라면 전적으로 국가의 재정 투입에 따라 그 크기와 지속성이 결정된다. 복지서비스를 실시하면서 재정 투입분을 줄이기 위해, 또는 경쟁의 효율성을 살린다는 명분으로 노인장기요양보험과 같이 공급 체계를 민간에 맡길 경우, 그 결과는 낮은 수가 아래서 요양보호사들은 낮은 임금 수준으로 격무를 감당하고 서비스의 질은 떨어지는 것으로 나타난다. 국가의 적극적인 재정 투입으로 복지서비스 공급 체계에서 공공 비중을 높여 서비스 제공자의 근로조건을 향상시키고 서비스 질을 높여야 한다. 복지 확대 약속을 이행하려는 정치세력이라면 마땅히 공공 주도 공급 체계까지를 책임져야 하고, 재원 마련 방안을 말해야 한다. 결국 조세 수입을 확대하는 어려운 일을 제대로 해내는지로 복지 확대 약속을 지키는지 아닌지가 판명난다.

그 첫 출발은 세원을 안정적으로 확보해 복지수요에 쓸 수 있도록 재벌 고소득층 조세 수입을 늘리는 것이다. "부자에게 세금을, 서민에게 복지를", 2004년 민주노동당이 국회의원을 처음 배출할 때 내세운 이 말은 상당한 공감과 주목을 이끌어냈다. 세원 누락과 조세회피를 막는 것으로부터 시작하여 소득세와 법인세 최고 구간 신설, 재벌 자회사 등에 일감을 몰아주는 편법 증여에 대한 세금 부과 등, 진보정당으로서 정부와 다른 정당을 설득해 현실을 일부나마 바꿔내고 입법기술 면에서도 효과적인 대안을 내는 진전이 있었다. 재벌가 보유 주식 양도 차익에 대한 세금 부과, 귀금속에 대한 세금 부과 등도 제안해 재벌 고소득층 과세를 늘리려 노력했지만 이렇게 확보되는 세수는 그리 크지 않다.

진보정당이 내놓을 수 있는 더 큰 규모의 세수 확보방안은 무엇일까. 민주노동당 초기부터 부유세 주장이 있어왔고, 2010년에 조승수 의원 대표발의로 사회복지목적세 제정안이 발의되었다. 그러나 나는 이보다 전체 세수의 절반 이상을 차지하는 소득세와 법인세 구조 개혁에 집중했다. 첫째, 초고소득 구간을 신설해 재벌대기업·고소득층 세율을 크게 올리고, 둘째, 실제 고소득자에게만 집중된 소득세 공제 및 재벌대기업에 집중된 법인세 비과세, 감면 항목을 대폭 줄여 숨어 있는 불평등을 없애는 것이다. 이 구조 개혁을 통해 일반세 세수를 충분히 확보해 복지 목적에 지출하는 것이 더 안정되게 더 많은 재원을 확보할 방법이라고 보았다. 종부세법 위헌결정으로부터 받은 시사점이다. 2000년대 초, 땅부자들로부터 걷는 종합부동산세 (종부세)만큼 불평등 해소 목적과 부유세 취지를 잘 구현한 것은 없었다. 그러나 종부세는 2007년 대선을 코앞에 두고 강남 일대에서 '세금폭탄'이라며 공분의 대상이 되었고, 집 없는 서민층도 마치 자기 일인 양 반대하고 나섰다. 진보적인 세금이 기득권층의 반발과 '부자 되자'는 열풍에 휩쓸려 무너질 때는 혼자 무너지는 것이 아니었다. 정권이 먼저 넘어갔다. 결국 2008년 헌법재판소 위헌결정 뒤 종부세는 뼈대만 남았다. 법률적으로 정교하고 치밀하게 계획되고, 사회적 공감까지 확고히 뒷받침되지 못하면 아무리 좋은 목적세도 쉽게 휘청거리는 곳, 보수정권에 의해 구성된 헌법재판소가 세금 부과 대상, 세율, 사용처 등을 일일이 따져 작은 불균형을 이유로 삼아 위헌결정을 내릴 가능성이 상존하는 곳이 한국 사회다. 더 큰 변화를 추구하는 진보정당일수록 특히 조세정책에서 치밀해야 한다. 일반세에 숨어 있는 불평등을 해소하고 OECD 최저 수준인 소득재분배 기능을 높여 재벌 고소득층으로부터 세수를 확보하는 일반세 구조 개혁에 중점을 둔 이유다.

복지를 지속적으로 확대하기 위해서는 둘째, 재정구조의 변화도 필수다. 종부세법 위헌결정의 파장은 국가재정 차원에서도 간단치 않았다. 종부세를 재원으로 지방 복지·교육 수요에 쓰도록 기초자치단체에 보내던 부동산교부세가 3분의 1 수준으로 줄어 당장 2009년부터 지자체 감액 추경이 속출했다. 이명박정부는 이 감액분을 일부 충당하기 위해 국채를 발행하는 것부터 시작해 임기 내에 82조 원의 '부자감세액'을 빚내서 메꿨다. 국가부채 증가율이 나날이 역대 최고를 기록했다. 박근혜정부에서는 GDP 대비 국가부채비율이 최고치를 경신했다. 정부가 범칙금 확보에 매달리고 담뱃세 인상으로 서민 부담을 늘리거나 복지 지출 감축으로 대처하려 할 뿐 재벌 고소득층 세금은 늘리지 않으면서 빚어진 결과다. 1년이면 26조 원을 국가부채 이자 내는 데 쓰는 판이다. 교육예산 50조 원의 절반이 넘고 연구개발(R&D) 예산 18조 원보다도 많은 금액이다. 당장 필요한 최소한의 조치는 초고소득층 증세를 통해 재원을 마련하는 것이고, 관리 가능한 수준까지 국가부채비율을 낮춰야 한다. 아울러 지방재정 자립도를 높이고 자율성을 확보하는 방향으로 큰 틀을 바꿔야 한다. 지방자치의 원리에 맞게 전국적인 복지정책에 더하여 지역민들의 의사를 반영하여 지역에 필요한 복지정책을 시행할 수 있게 보장해야 한다.

셋째, 경제의 내적 성장이 반드시 필요하다. 급증한 가계부채로 부풀려진 거품경제에서 벗어나서 노동소득 분배율을 높이고, 빈곤율을 크게 떨어뜨리고, 가계부채를 관리 가능한 수준으로 줄여 노동자·농민·서민의 실제 생활을 개선하고 사회적 형평성을 높이는 내적 성장전략 없이 복지만 늘리는 것으로는 밑 빠진 독에 물 붓기다. GDP 성장률로 획일적으로 계량화된 외형적 성장에만 몰두해서는 안 되는 것은 분명하고, 진보정당은 최저임금을 얼마나 높일지, 몇 명의 서민들을 빚 감옥에서 탈출시킬 수 있는지를 약속해야 하고, 노년인구의 절반이 빈곤 상태에 빠진 상황을 어디까지 바꿀 수 있는지를 말해야 한다. 이러한 내적 성장은 정책이 세밀하고 현실적이라고 성공하는 것이 아니다. 내적 성장을 뒷받침할 힘 있는 경제주체가 단단하게 서 있어야 성공할 수 있다. 그동안 양극화가 계속 심화된 이유는 다른 데 있지 않다. 수십여 년간 정부에 의해 재벌대기업에 힘이 편중되어왔고, 이제 그 힘이 공룡처럼 커지니 자본의 논리로 다른 경제주체들을 집어삼켜 경제생태계를 파괴할 지경까지 온 것이다. 이렇게 재벌대기업에 힘이 쏠린 상황에서는 복지를 늘릴 수도 없고, 실질임금이 계속 줄어드는 마당에 복지를 일부 늘리는 것만으로는 서민생활 개선 효과가 제대로 나오지도 못한다.

이 상황을 뒤집어 양극화를 완화시키고 내적 성장을 이루기 위해서는 자본의 논리에 맞설 힘을 가진 또 다른 경제주체의 형성이 절실히 필요하다. 그 경제주체는 다름 아닌 '조직된 노동자'다. 노동조합 조직률을 50% 수준까지 올리겠다는 진보당의 2012년 대선 공약은 바로 이 내적 성장전략을 성공시키기 위한 발판이다. 왜 50%인가. 노동조합법상 노동조합 조직률이 그 수준이 되어야 노동조합에 가입하지 않은 노동자의 임금과 근로조건까지도 책임질 수 있고 그래야 내부 분열 전략에 주저앉지 않고 전체 노동자의 힘으로 재벌대기업을 상대로 경제민주화를 강제할 수 있기 때문이다. 실제로 중산층 형성에 가장 중요한 변수는 '노조 조직률'이라는 연구 결과도 있다. 노동조합이 더 많이 조직될수록 중산층이 두터워지고, 노조 조직률이 떨어질수록 양극화사회를 불러온다는 것이다. 이것이 미국 오바마 대통령도 "누군가 내 뒤를 든든하게 봐주기를 바라는가. 나라면 노조에 가입하겠다."라며 노조 조직률을 높이려는 이유다.

또 다른 측면에서, 새로운 경제주체의 형성, 강력한 조직 노동자의 힘을 확보하는 것은 곧 다가올 한국 경제의 큰 변화 국면에 대처하기 위해서도 매우 중요한 문제다. 2008년 미국 발(發) 금융위기 이후 자본주의는 이제 끝났다는 말이 진보·보수를 막론하고 지식인 사회에서 떠돌았다. 정치세력들도 너도나도 좌향좌, 진보로 방향을 바꿔 금융자본 통제와 내수시장 육성을 말했다. 금융기관에 막대한 재정을 투입해 그 위기를 넘겼지만, 거품경제가 더 지속되기 어려운 때가 다가오고 있음은 분명하다. 한국에서도 재벌대기업이 대내적으로는 중소기업과 서민에 대한 우월적 지위를 활용해 부를 축적하고, 대외적으로는 저가 대량 수출로 부를 축적하며, 정부가 서민들로부터 걷은 세금으로 재벌대기업을 돕는 방식으로는 더 이상 경제상황도 정치권력도 유지하기 어려워지고 있다. 비록 파기된 공약이지만,

2012년 대통령 선거에서는 박근혜 후보도 '재벌총수 경제사범 사면 불가' 입장을 밝히고 경제민주화 공약들을 내놓을 정도였다. 빈말이라도 하지 않으면 보수정권을 유지시키기 어려웠기 때문이다. 박근혜정부에 들어서서 재벌대기업들이 남북경협을 촉구하는 목소리가 더욱 커지고 있다. 이들이 '종북'으로 돌아서거나 평화통일을 갈구해서가 아니다. 남북경협이야말로 지금 한국 경제가 선택할 수 있는 거의 유일한 활로이기 때문이다. 새로운 성장의 길로 가야 할 때는 반드시 온다. 변화를 피할 수 없기 때문이다. 집권세력이 보수인지 진보인지를 떠나, '내수 중심의 성장, 남북경협을 축으로 한 민족 내부의 성장에 기반을 두고, 친환경 에너지 전환, 식량자급률 목표 달성과 농업 발전, 재벌 구조개혁과 약탈적 하청 구조 전환으로 중소기업 육성' 등의 조치를 취하지 않으면 길이 없는 상태가 올 것이다. 문제의 핵심은, 이 새로운 성장이 누구에 의해 이루어지느냐, 그리하여 그 열매를 누가 갖느냐다.

진보정당도 성장전략이 필요하다고들 한다. 식자들은 흔히 이를 지금까지와는 다른 타협적 전술이나 세밀하게 다듬어진 잘 짜여진 정책이 필요하다는 뜻으로 말한다. 경제정책의 세밀함과 현실성은 당연히 갖춰야 하고 진보정당일수록 더욱 그래야 한다. 그러나 이것이 성공 여부를 가르는 결정적 요인은 아니다. 핵심은 그 정책을 밀고 나갈 경제주체의 힘이다. 힘 있는 경제주체가 합심하여 밀고 나가면 정책에 다소 부족한 점이 있어도 대중의 힘으로 보완되고 다듬어지기 마련이다. 머리 좋은 한 사람의 정교한 착안보다 수많은 사람들의 공감이 현실에서는 훨씬 힘이 세다. 거꾸로 아무리 잘 짜여진 정책이라도 추진 주체가 단단하지 못하면 실현될 수 없다.

새로운 성장의 주체는 아직 제대로 형성되지 못했다. 재벌에 맞설 사실상 유일한 주체인 민주노총에 가입한 노동자는 전체 노동자의 4%에 지나지 않는다. 노동자가 경영에 참여하는 일은 정리해고 문제 등 노동자 근로조건과 긴밀히 연결된 사안에서조차 현실에서 완전히 거부당하고, 협동조합경제의 기반은 극히 미미하다. 농민들은 연로한 데다 빚더미에 올라앉아 있다. 남북경협에서 중소기업들이 나섰다가 5.24 조치로 경협마저 중단되는 위기를 버티고 버티다 쓰러졌다. 그러자 이제 막강한 자금 동원력을 가진 재벌대기업들이 남북경협을 가장 큰 목소리로 촉구하고 있다. 새로운 성장 국면에서도 재벌대기업이 여전히 중심에 서서 열매를 다 거두게 할 것인가, 아니면 중소기업과 노동자·농민·서민들이 함께 남북경협의 과실을 맛보도록 할 것인가.

재벌대기업의 약탈적 경제구조가 한반도 전체에 확대되기를 바라지 않는다면, 조직 노동자를 비롯한 새로운 경제주체들의 힘을 빠른 시일 내에 강화시켜야 한다. 지금까지 진보정치는 이 길에 들어서자마자 퇴출당하는 일을 되풀이해왔다. 복지 역시 정체 또는 퇴보 상태다. 새롭고 강력한 경제주체의 형성으로 내적 성장전략을 성공시켜야 복지정책이 그 위에서 실효성 있게 실시되고 더욱 확대될 수 있다.

인간답게 살기 위해 필요한 것들을 나라에 요구할 권리

05

공감의 동심원

복지를 확대하기 위해 요구되는 좀 더 근본적인 것들이 있다. 첫째, 4대강 사업 같은 세금 낭비를 막고 재벌대기업·고소득자 세금 인상을 추진할 강력하고 단합된 정치세력의 존재가 필수다. 무상급식 공약이 2010년 지방선거에서 대중적 관심사로 떠오를 수 있었던 것은 당시 처음으로 시도되었던 야권연대의 폭발성과 무관하지 않다. 2012년 이후 박근혜정부 집권을 위해 시작된 집요한 '종북몰이'의 결과 진보당이 해산되고 야권이 분열된 지금, 그 어느 야당이 획기적이고 새로우며 치밀하기까지 한 복지공약을 내세운다고 해서 아직 지지정당을 정하지 않은 유권자들로부터 새로 지지를 모을 수 있을 것이라고 보는 것은 환상이다. 집권세력도 선거를 앞두고 화끈한 복지공약을 내세워야 한다는 것쯤은 알고 있다.

투표 결과를 좌우하는 이들 유권자들은, 사분오열된 야당의 잘 짜여진 복지공약보다는 '보수 혁신'의 이름으로 야당이 말할 법한 복지공약까지 내놓고 똘똘 뭉쳐 달리는 집권세력의 힘에 기대를 건다. 실제로 국민들 기억 속에서 경제를 성장시키고 농가의 부채를 탕감한 사람은 박정희이고, 과외를 금지한 사람은 전두환이며, 금융실명제를 도입한 사람은 김영삼 아니던가. 이런 대중적 인식 위에서는 집권세력의 공약 파기 실상이 드러나도 큰 충격이 아니다. 이 유권자들은 집권세력에 대해서는 사정이 바뀌면 그럴 만도 하다며 이해해 줄 수 있는 태도를 이미 가지고 있기 때문이다. 집권세력의 집요한 공격을 헤치고 나와 여당을 압도하고 복지공약을 실현시킬 수 있는 단합된 정치세력이 존재할 때 비로소 이 유권자들이 믿음을 보낼 가능성이 생길 뿐, 집권세력 앞에 사분오열된 채로 저마다 분홍빛 공약을 내건 야권은 쉽게 신뢰를 얻지 못한다. 야권이 이 유권자들의 선택을 받아 여소야대 국회를 만들고 정권교체에 성공하는 것은, 모든 야권 세력의 단합이 없이는 불가능한 일이다.

둘째, 복지를 유지하고 확대시킬 수 있는지 아닌지를 결정하는 것은 수급자 등에게 돌아가는 이익의 크기보다 그 복지정책에 깃들어 있는 정신에 대한 공감도다. 조세재정 정책은 결국 누구로부터 돈을 거두어 누구에게 쓸 것인가 문제다. 내는 사람은 자꾸 본전 생각하고 받는 사람은 저도 모르게 움츠러드는 것이 현실 아닌가. 정치라는 것, 단순하게 보면, 먼저 사람들을 누구 입장에 서게 할 것이냐 문제고, 그다음에는 그것을 어떻게 다수가 받아들이게 할 것이냐 문제다. 내는 사람은 당연한 듯 내고, 받는 사람은 당당하게 받게 되어야 성공한 정책, 잘한 정치다. 마음 가는 곳에 돈 가는 법이다. 공감

인간답게 살기 위해 필요한 것들을 나라에 요구할 권리

이 이뤄지면 세금도 더 낼 수 있다. 복지를 더 확대하는 것도 어렵지 않다. 공감은 상대를 인정하고 포용할 뿐 아니라 자신에게도 자긍심을 갖게 한다. 이 일을 함으로써 나와 우리가 더 좋은 사람이 될 수 있다는 생각이 더 선명한 공감을 만들고 더 많은 사람들에게 공감을 확대시킨다.

정치세력에게 표를 던지는 것 역시, 그 행위로 보람을 느낄 때라야 가능하다. 무상급식을 지지해 야권 단일후보를 찍은 사람들이 그 수혜자들만이던가. 그렇지 않다. 아이들에게만큼은 상처 주지 않고 고루 따뜻한 밥 먹이는 정도는 해줄 수 있는 세상을 원하는 사람들의 공감이 야권 단일후보에게 모인 것 아닐까. 우리나라가 이 정도는 해야지, 내가 그런 세상을 만드는 데 하나라도 보태야지, 그 자발성이 투표장으로 몰려든 것 아닐까. 적어도 그 공감에 함께한 순간만큼은 사람마다 내재해 있던 이타적 유전자가 서로 주파수를 맞추고 함께 행동에 나서서 이 세상을 조금이나마 바꾼 것 아닐까.

그런데 어느 순간, 진보정치마저도 이 공감의 동심원을 꾸준히 키워나가기보다 선거를 앞두고 작은 복지정책들을 내세우며 그 이익의 크기를 계산해 보여주는 데 몰두하지는 않았는가. 나아가 그것을 선불리 표로 환불받으려 하지는 않았는가. 이만한 이익을 줄 테니 원하는 사람은 나를 찍으시오. 유권자로 하여금 나도 옳은 일 좋은 일 한번 해보자고 마음 내도록 하지는 못한 채, 머릿속 계산기를 두드리게 하여 표를 모으려 한 것은 아닌가. 두 번 지는 길이었던 것은 아닐까. 이익을 손에 쥐어주는 것이야 거대 정당이 더 잘하기 마련, 남는 것은 우리가 '원조' 정당이라고 꼬리표 붙이기뿐, 결국 표도 모으지 못할 뿐만 아니라 한때 진보의 가치와 새로운 세상에 공감한 전율의 기억조차 시들게 하는 것은 아니었을까. 사람은 배를 채우는 것만으로 사는 존재가 아니라 옳은 일, 좋은 일을 한다는 보람으로 살아가는 존재라는 것, 진보정치는 반드시 다시 일어서고 사람 살만한 세상은 꼭 올 것이라 믿을 이유도 바로 이것 아니던가. 그 믿음조차 흔들릴 때면 자꾸 읽는다.

손가락이 열 개인 것은
어머니 뱃속에서 몇 달 은혜 입나 기억하려는
태아의 노력 때문인지도 모릅니다.
- 함민복, 「성선설」*

* 함민복, 『우울씨의 1일』, 세계사, 1998.

5장

수구세력 장기집권의 보검, 종편

종편퇴출법

그 별은 아무에게나 보이는 것은 아니다
그 별은 어둠 속에서 조용히
자기를 들여다볼 줄 아는 사람의 눈에나 모습을 드러낸다

                                          – 정희성, 「희망」

『돌아다보면 문득』, 정희성, 창비, 2008.

종편이 쏟아내는 말은
이미 보도가 아니라 혐오범죄

막을 방법이 없을 것만 같다. 국민의 집회 및 시위의 자유가 위축되고 표현의 자유가 침해당하며 언론의 자유 또한 실질적으로 제한당한 상태, 국정원(국가정보원)과 극우보수단체가 집권세력의 정권 연장을 위해 거리와 인터넷을 장악하면, 종편이 이를 무한 반복 재생해 전국 방방곡곡에 뿌려댄다. 2009년 이명박정부의 미디어법 강행 처리로 만들어진 종편은 어떤 통제도 없이 도시와 농촌, 아파트와 섬마을 구석구석을 파고들어 휘젓는다. 특정 인물, 특정 집단을 표적으로 극단적이고 집단적인 혐오발언을 쏟아 붓는다. 마녀사냥이다. '설마, 그럴 리가.' 종편을 보며 고개를 흔들던 사람들도 같은 말을 대여섯 번만 되풀이해 들으면 마음이 흔들린다. 뭐가 있으니 그러겠지, 아무것도 없는데 그러겠어. 의심이 커지면 어느새 사실이 된다. '그렇대. 종북이래.' 허구와 상상에 기초한 적대의식의 무한 증폭은 마침내 사회적 매장, 구속, 해산으로 결말을 맺는다. 실패하는 일 없는 종편의 마법이다. 그다음 먹잇감은 누구일까. 이석기 의원, 통합진보당, 황선 대표와 신은미 교수, 세월호 가족들, 한상균 민주노총

위원장, 그다음은 또 누가 될까.

종편이 쏟아내는 말은 이미 보도가 아니라 혐오범죄다. 그들은 자신들과 정치적 견해가 다르고 이해관계가 부딪히는 사람들을 표적으로 삼아 대화와 비판이 아닌 증오와 배제의 대상으로 몰아간다. 그 표적들은 법을 위반한 사항이 단 하나만 있어도 공존할 수 없는 파렴치범으로 전락하고 북에 대해 비난하지 않는다는 이유로 종북으로 몰려 박멸 대상이 된다. 마녀사냥을 지켜본 사람들은 더 이상 나서지 않는다. 근거 없고 부풀려진 분노를 제어하고 가라앉힐 사람은 존재하지 않는다. 자기도 모르게 내면의 검열대를 앞에 두고 물러설 뿐이다. 이것이 진정으로 집권세력과 종편이 노린 것 아닐까.

김대중·노무현정부 아래 '잃어버린 10년'을 되찾겠다는 집권세력의 장기집권 계획의 핵심이 '종합편성채널 승인'이었다. 2009년 7월 미디어법 날치기로 태어나고 특혜로 몸집을 키워 공중파나 다름없는 영향력을 발휘하는 종편은 '집권세력 장기집권의 보검(寶劍)'이다. 종편은 출범 몇 년 만에 공중파를 비롯한 언론 전반을 적대적 대결의식과 색깔론, 저급한 상업주의로 오염시키는 데 성공했다. 언론이 타락하면 민주주의는 안에서부터 파괴될 수밖에 없다. 상황이 악화된 데는 자신이 불이익을 당할까 봐 머뭇거린 정치인들의 책임 또한 크다. 민주노동당과 진보당을 제외한 정치권의 어떤 정당, 어떤 정치인도 감히 종편에 맞서려 하지 않았다. 2009년 7월 이른바 미디어법 강행 처리 이후 위헌 무효를 주장하며 헌법소원을 내고 종편 출연을 거부한다고 호기롭게 선언했던 민주당은 2011년 12월 1일 종편 방송 개시 후 몇 달도 지나지 않아 종편을 여당이 그대로 차지하게 해서는 안 된다는 이유로 거부 입장을 번복하고 종편 입맛에 맞는 출연자들로 변신했다. 종편 앞에 무력한 정치, 그 어디에서 종편을 통제할 의지가 나올 수 있나. 종편은 정치적 편향성을 넘어 언론으로서 지켜야 할 최소한의 공정성마저 저버린 채 취재를 무기로 한 노골적인 광고영업을 하고 협찬 계약을 맺고 그 대가로 보도해주는 일까지 서슴지 않고 있다. 언론에 맞서는 것을 자해와도 같은 일로 여겨온 정치인들이 이 상황을 방조했다. 저항하지 않고 순응하며 살 길을 찾는 정치인들이 이 문제를 더욱 악화시킨다.

02

종편을 퇴출시킬 세 가지 방법

"재벌 언론, 언론 재벌의 종합편성채널사업권을 회수하고 신문 방송의 공공성 강화와 소유 지배구조의 민주화를 실현하며 각종 대안 언론을 지원한다." 진보당 강령의 한 구절이다. 진보당은 2013년 6월, 종편퇴출법을 발의했다. 2009년 7월 이명박정부와 한나라당의 방송법 날치기가 아니었다면 종편은 세상에 태어날 수 없었다. 이석기 의원이 발의한 **방송법 개정안**은 사실상 공중파 방송과 유사한 지위에 오른 종편의 지배구조를 공중파 방송과 같은 수준으로 정상화하고 각종 특혜를 없앰으로써 언론의 본모습을 되찾도록 강제하고, 그렇지 않을 경우 재승인 단계에서 퇴출시키는 장치를 마련하는 것이다.

방송법 개정안의 가장 중요한 핵심은 종편 소유구조 정상화다. 방송은 전 국민의 공공재인 전파를 이용하는 것이고 국민의 의식에 큰 영향을 미칠 수 있다. 방송을 통해 국민에게 획일적인 의견을 주입하는 것은 민주주의의 토대를 무너뜨리는 일이다. 이를 막기 위해서는 먼저 언론의 다양성이 보장되어야 한다. 특정인이나 특정 회사가 신문·방송 등 여러 형태의 언론사를 함께 소유하여 각 분야에서 똑

같은 논조를 반복해 주입하는 일을 막아야 한다. 이를 위해 종래의 방송법은 신문사가 방송사까지 소유하는 것을 금지했다. 또한 방송 내용에서 공정성이 유지되려면 재벌대기업과 외국 자본의 영향력에서 자유로울 수 있어야 하기에, 종래의 방송법은 재벌대기업과 외국 자본의 지분 소유 역시 금지했다. 그러나 2009년 날치기 통과된 방송법은 신문사와 재벌대기업이 지상파 지분 10%, 종편 지분 30%, 외국자본이 종편 지분 20%를 가질 수 있게 하여《조선일보》·《중앙일보》·《동아일보》와 재벌이 종편을 보유하는 길을 열어주었다. 이로 인해 종편은 지상파와 달리 소유구조 제한이 크게 완화되어 조중동과 재벌의 절대적 영향력 아래 있어, 방송의 공정성 확보를 위한 최소한의 안전판조차 구비되지 않은 상태다. 일부 종편 종사자들의 공정성 확보를 위한 노력은 분명히 의미 있는 것이지만, 공정성 확보를 위한 제도가 완전히 무너진 상태에서는 그 노력의 성과물도 쉽게 허물어질 위험에 처한다는 것 역시 명확하다. 모든 종편이 예외 없이 소유구조 제한을 비롯한 통제 대상이 되어야 한다.

날치기 방송법이 신문과 재벌대기업, 외국 자본의 방송 출자를 허용해 종편이 탄생한 것이므로, 이를 바로잡기 위해 종편의 신문과 재벌대기업, 외국 자본의 소유지분 한도를 공중파와 같은 수준으로 축소시킨다. 방송법 개정안은 신문과 재벌대기업의 소유지분 한도를 10%로 축소하고, 외국 자본의 출자를 금지한다. 이에 따르면 최대주주인 조중동은 재승인 심사 시까지 공중파와 같은 수준의 10%를 초과하는 지분을 매각해야 한다. 그러지 않으면 종편은 재승인을 받을 수 없어 문을 닫아야 한다. 종편 방송이 계속되게 하려면 조중동이 사실상 손을 떼는 수밖에 없다. 2011년 최초 승인 시 '채널A'의 《동아일보》 소유지분은 29.32%, 'TV조선'의 《조선일보》 소유지분은 20%였다. 'JTBC'에는 《중앙일보》 지분 5%, 지주회사인 중앙미디어네트워크 소유지분 25%가 있고, 'MBN'의 《매일경제신문》 소유지분은 12.63%에 달한다. 이 법안이 만들어지면 법안 발효 후 최초의 재승인 심사 시까지 이 지분을 각각 10% 이하로 감축하여 새로운 투자자를 유치하지 않는 한 종편들은 모두 재승인을 받을 수 없어 퇴출을 피할 수 없다. JTBC의 텔레비아사히 소유지분 3.08%도 역시 외국자본 출자금지 조항에 따라 매각되어야만 재승인을 받을 수 있을 것이다. 조중동에게 선택은 두 가지뿐, 종편에서 손을 떼거나 종편 문을 닫는 것만 남는다. 민주당 최민희 의원도 이와 같은 접근 방식을 취한 방송법 개정안을 냈다. 신문이 방송사 지분을 가질 수 없게 금지하고 지역신문만 지역방송의 지분 10% 미만을 가질 수 있게 허용하는 내용이다.

2009년 7월 날치기 처리된 '신문 등의 자유와 기능보장에 관한 법률 전부개정법률안'에 대하여 헌법재판소는, 다른 의원의 좌석에서 찬성 버튼을 누르는 등 표결 절차 자체에 위법이 있어 표결 결과의 정당성에 영향을 미쳤을 개연성이 있고 다수결의 원칙에 위배되어 국회의원의 표결권을 침해하였다고 판단하고, '방송법 일부개정법률안'도 표결 절차에서 일사부재의의 원칙에 위배하여 국회의원의 심의·표결권을 침해하였다고 하면서도, 국회의 정치적 형성권을 존중해야 하고 권한 침해로 인하여 야기된 위헌·위법 상태를 시정하는 것은 국회에 맡겨두는 것이 바람직하다는 이유로 무효확인 청구는 받아들이지 않았다. 날치기 처리된 법률은 그대로 살아남고 국회는 이 위헌·위법 상태를 시정할 엄두조차 내지 못하는 사이 종편은 이제 누구도 손댈 수 없는 존재가 되어버렸다.

1996년 12월 김영삼정부와 신한국당이 날치기 처리한 '국가안전기획부법'과 '노동조합 및 노동관계조정법', '근로기준법'은 민주노총의 총파업과 김대중 총재가 이끄는 국민회의의 의원직 총사퇴라는 강력한 저항에 부딪혀 1997년 3월 13일 실제로 폐지되었다가 날치기된 조항을 제외하거나 일부 수정해 같은 날 다시 제정되었다. 법안 날치기는 원인 무효라는 점을 이 법들의 폐지-제정 절차를 거치며 명확히 확인한 것이다. 그러나 집권 10년 동안 야성을 잃은 야당은 2009년 미디어법 날치기 처리에 맞닥뜨려 강력한 저항으로 잘못을 바로잡을 엄두조차 내지 못한 채 헌법재판소의 기각 결정문을 받아들고 그대로 주저앉고 말았다. 위헌·위법을 확인하고도 무효확인 결정은 내리지 않아 스스로 정치기관이 된 헌법재판소도 문제지만, 그 결정문 받는 것 말고는 아무것도 하지 못한 야당, 오히려 종편 출연 기회를 얻으려고 줄서는 야당 정치인들이 더 큰 문제. 헌법재판소가 스스로 시정 권한을 포기한 이상, 위헌·위법 상태의 시정은 국회의 몫이 되었다. 권한이 아니라 의무다. 야당이라면 날치기법으로 만들어진 종편을 퇴출시킬 원칙적인 접근을 담은 법안을 당론발의하고 강력 추진해야 맞다.

방송법 개정안의 두 번째 내용은 특혜를 없애는 것이다. 특혜 없는 종편은 생존조차 불가능하다. 여느 방송과 똑같은 조건에서 경쟁하면 도태될 수밖에 없는 종편을 위해 이명박 정권과 한나라당은 온갖 특혜를 안겨주었다. 전국 곳곳의 식당 어디서나 종편이 늘 켜져 있게 된 배경은 '의무 재전송'과 '황금채널 전국 동일번호 배정'에 있다. 이것이 종편에 주어진 가장 큰 특혜다. 종래 방송법은 무료로 방송되는 공영채널 KBS1, EBS에 대해서는 지역유선방송사업자 등으로 하여금 가입자가 따로 요청하지 않아도 의무적으로 재송신하게 하고 있었다. 그런데 종편도 의무 재송신 대상에 포함되어, KBS2, MBC 같은 기존 지상파 공영방송에도 주어지지 않던 특혜가 종편에만 주어진 것이다. 상업적·편파적 보도 프로그램으로 채워진 종편이 완전한 공적 소유구조를 가지고 방송 내용에서도 공익성을 엄격히 충족하며 다양한 교육프로그램을 만들어내는 EBS와 같은 대우를 받는 셈이다. 여기에 방송통신위원회 최시중 위원장이 종편채

널사업자와 종합유선방송사업자협회의 협의를 주선하고 유선방송사업자협회의 양보를 촉구하는 등 적극 개입한 결과, 전국에서 20번대 이하의 황금채널 같은 번호로 종편이 방송되게 된 것이다. 의무재전송 특혜를 없애면 가입자 뜻에 상관없이 언제 어디서나 종편 방송이 나오는 일은 사라질 것이다.

지상파는 국내 제작 프로그램 편성 비율이 70~80% 이상 되도록 지켜야 하지만, 종편은 40% 이상이면 된다. 외주제작 프로그램 편성 비율도 지상파는 24~40%이지만 종편은 실질적 규제가 없는 상태로 의무가 훨씬 완화되었다. 제작비용과 인력을 크게 절감시키는 것이어서 이 역시 매우 큰 특혜다. 개정안은 이 특혜를 없애 다른 지상파 방송과 동등한 수준의 편성 비율을 지키게 한다. 지상파에는 허용되지 않은 중간광고를 종편에 허용하고 광고 시간도 오락 채널과 비슷한 수준으로 늘려준 것을 다시 금지시킨다.

방송법과 함께 발의된 **방송통신발전기본법 개정안**은 종편도 방송발전기금을 정상적으로 납부하도록 했다. 종편은 출범한 지 얼마 되지 않았다는 이유로 대부분의 방송사업자가 내야 하는 방송발전기금도 내지 않았다. 적자를 이유로 유예시켜준 것인데, 자본잠식 상태인 OBS도 내는 방송발전기금을 종편이 내지 않게 해준 것은 납득하기 어려운 특혜다.

방송법 개정안의 세 번째 내용은 종편 재승인 시 제재조치 명령을 받은 횟수도 평가에 반영하도록 하는 것이다. 종편이 끼치는 사회적 해악의 정도가 방송통신위원회의 재승인 심사 시에 반영되게 한 것이다. 지금까지의 재승인 심사는 사실상 재정 상태 문제에 집중되었을 뿐 방송 내용에 대한 평가와 통제 기능을 갖지 못했다. 기본 점수가 높고 변별력은 없는데, 중징계가 몇 회 이상이면 탈락시키는 등의 적극적인 자격 박탈 조항도 없기 때문이다. 방송 내용에 관한 재승인 심사 기준 자체를 변별력 있게 큰 폭으로 바꿔 재승인 과정에서 종편이 제대로 된 언론으로서 기능을 해왔는지를 엄정히 평가하게 해야 한다.

03

말할 자유, 생각할 자유를 빼앗겼다

종편은 밀려들어오고 정권은 옥죈다. 이명박정부 이후 언론의 처지다. 2008년 미국산 쇠고기 수입 문제와 관련해 MBC 〈PD수첩〉 제작진들이 정부 관료들에 의해 명예훼손으로 고소당한 것이 정권의 언론탄압의 시작이다. 유신시대라면 남산에 끌려가서 치도곤 당했을 텐데 지금은 고소당해 검찰에 불려 다니고 재판받는 것이니 그나마 나아졌다고 해야 하나. 몇 년이 지난 뒤 무죄판결이 났지만 이미 언론은 정부에 장악당한 지 오래, 4대강 사업을 비판하는 KBS 시사 프로그램 방영이 사측에 의해 방해받고, 비판적인 기자들은 해고당하거나 보도와 무관한 부서로 좌천당한다. 편집권의 독립은 이미 옛일, 방송은 청와대와 정부의 손아귀 안에 잡힌 존재가 되어버렸다. 보도 일선에서 권력자에게 잘 보이기 위한 보도를 내보내고 이를 인정받아 바로 청와대로 직행하는 일들이 이어진다. 유신시대 '권언유착'이 되살아났다. 언론의 자유와 독립을 성취하는 데 수십 년 피땀이 필요했건만, 이 모든 후퇴가 벌어지는 데는 채 몇 년도 걸리지 않았다. 언론이라고도 할 수 없는 극우 인터넷 매체 인사들이 청와대를 차지하고 언론정책을 좌우하는 판국이니 무엇을 기대할 수 있을까.

2013년 한국기자협회가 주는 올해의 기자상을 받은 사람들, 바로 국정원이 던져준 내란음모조작사건의 조작된 녹취록을 전재한 《한국일보》 기자들이다. 이석기 의원이 '성전(聖戰)'을 조직하라고 지시했다는 1면 톱 기사 제목을 달아 받은 상이다. 재판 과정에서 확인해보니 "선전을 잘하자."는 말이었다. 왜곡해 받아 적은 국정원 녹취록에 《한국일보》가 친절하게 한자까지 덧붙인 것, 그러나 여론재판은 이미 모두 끝나 이석기 의원은 종북 테러리스트가 되어버렸다. 수상자들은 국정원이 준 것 그대로 실었으니 문제없다고 발뺌한다. 바로 두 달 전 부패한 사주가 편집국을 폐쇄하고 기자들을 몰아내고 해고하는 전횡을 민주진보 진영의 응원 속에 극복한 신문사가 국정원 발(發) 특종에 언론의 최소한의 자존심까지 다 팔아치운 것이다. 국정원의 여론조작 도구로 전락한 한국 언론의 현주소다.

언론도 말할 자유를 빼앗기고 안에서부터 무너져가는데 일반 시민의 표현의 자유가 온전할 리 없다. 천안함 사건 정부 발표에 의문을 제기해도 명예훼손, 세월호 참사가 난 직후 7시간 동안 박근혜 대통령이 무엇을 했는지 의문을 제기해도 명예훼손, 박근혜 대통령을 풍자하는 유인물을 만들어 뿌리면 모욕죄로 구속된다. UN은 몇 년 전부터 줄곧 한국에서 표현의 자유가 후퇴했다고 지적해왔다. UN 자유권규약위원회(UNHRC)는 2015년에도 한국정부의 '시민적, 정치적 권리에 관한 4차 국가보고서'를 심의한 뒤 명예훼손죄와 국가

보안법상 찬양 고무죄를 폐지하고 평화적 집회를 보장하라고 요구했다. 프리덤하우스는 한국을 언론자유가 부분적으로 보장되는 나라인 '부분적 언론자유국'으로 분류해 '언론자유국'에서 제외했다. 국경없는기자회가 2002년 처음 언론자유지수를 발표한 2002년에 우리나라는 39위였고 2006년 31위까지 올라갔지만, 이명박·박근혜정부 들어 매년 추락해 2015년에는 60위까지 떨어졌다.

생각할 자유는 어떤가. 머릿속을 열어 내보이라는 요구가 어디든 난무한다. 일단 추론하고 찔러보는 '관심법'이 유행이다. 당당하면 왜 말 못 해, 그럴듯한 말로 사람을 궁지에 몰아넣는다. 대기업이나 대학 교직원 채용 면접에서까지 역사교과서 국정화에 대한 의견을 묻는다. 행정고시 최종 면접에서도 역사교과서 국정화와 '대한민국 국민 자격이 없는 자는 어떤 사람인가', '국가 체제 전복 세력이 있다고 보느냐', '종북 세력을 어떻게 다뤄야 하나', '대한민국에서 추방당해야 하는 사람은 어떤 사람인가'란 질문이 나온다.

더 큰 문제는, 당당해 보이기 위해 자신의 머릿속을 열어 보이는 지식인들과 정치인들이 갈수록 많아진다는 것이다. 내 머릿속은 깨끗해요, 검사받고 나면 이른바 유명인으로서, 대중정치인으로서 그가 생존하는 데는 유리할 것이다. 그러나 많은 사람에게 영향을 미치는 사람일수록 그 행위로 인해 다른 사람에게 가해질 압력이 한층 더해진다는 점을 생각해야 하지 않을까. 지식인이라면 그 행위가 모두의 생각의 자유의 폭을 좁히고 헌법이 보장한 사상의 자유와 양심의 자유를 위축시키는 자발적 굴종의 하나임을 인식해야 하지 않을까. 사람의 머릿속, 가슴속을 열어보려는 모든 시도에 반대하는 것이 자유를 성취하려는 행동이고 이것이 자연스럽게 받아들여져야 민주주의다. 인간 내면의 자유란 매우 민감한 것이어서, 별것 아닌 듯한 말 한마디 종이 한 장의 심사를 요구하더라도 그로 인하여 실제로는 그의 내면의 자유가 송두리째 소멸될 수도 있기 때문이다.

시인 김수영이 한국전쟁 직후 냉전의 얼음을 깨고 "'김일성만세'/한국의 언론자유의 출발은 이것을/인정하는 데 있는데/이것만 인정하면 되는데/이것을 인정하지 않는 것이 한국/언론의 자유라고 조지훈이란/시인이 우겨대니/나는 잠이 올 수밖에//'김일성만세'/한국의 언론자유의 출발은 이것을/인정하는 데 있는데/이것만 인정하면 되는데/이것을 인정하지 않는 것이 한국/정치의 자유라고 장면이란/관리가 우겨대니/나는 잠이 깰 수밖에."(김수영, 「김일성만세」)라고 노래한 지 반세기가 지났다. 그는 언론 자유에는 '이만하면'이란 말이 있을 수 없다고 일갈했다(김수영, 「창작자유의 조건」). 하기는, 이 시를 써 붙인 대자보마저 대학 당국이 임의로 떼어버리는 것이 2015년의 한국 사회다. 우리 사회는 한 인간의 생각의 자유와 말할 자유와 언론의 자유를 보장하는 데 그로부터 얼마나 진보했는가.

04

종편을 그대로 놓아두고는
아무것도 바꿀 수 없다

감히 종편퇴출법을 만들자고 나선 결과인가. 진보당 해산의 일등 공
신은 바로 종편이다. 종편의 최대 피해자가 벌써 3년 가까이 수감
중인 이석기 의원인 것은 더 말할 필요 없다. 종편을 앞에 놓고 결기
를 세운 참혹한 대가, 당연한 것일까.

내란음모조작사건 재판이 한창이던 2014년 3월, 방송통신위원회는
모든 종편에 대해 조건부 3년 재승인을 의결했다. '사업계획서 성실
이행, 내부 사전·사후 심의 및 공정책임 공정성 확보 방안 마련' 등
있으나 마나 한 승인조건이 붙었고, '종편 위상에 걸맞은 수준으로
보도 편성 비율을 낮출 것' 등 자상한 권고가 더해졌다. 그러나 종
편의 특혜를 박탈해야 한다는 방송법 개정 논의는 계속되고 입법발
의도 이루어지고 있다. 한 사람을 감옥에 가두었다고 해서 그가 해
낸 일까지 사람들의 기억에서 떼어내 지워버릴 수는 없다.

흉기가 되어버린 종편을 그대로 놓아두고 순응해서는 아무것도 바

꿀 수 없다. 말할 자유, 생각할 자유를 빼앗기는데 자기 검열에 사로
잡혀버리면 다시 자유를 찾을 가능성은 사라지고 만다. 칼을 빼앗으
려면 칼에 찔리는 것을 두려워하고만 있어서는 안 되듯, 모두의 자
유를 빼앗는 세력에 맞서는 것을 그만둘 수는 없다. 희생을 겪더라
도. 종편퇴출법은 상대가 아무리 커 보이더라도 맞서서 나가자는 외
침이다. 지금은 그 외침이 멀리 메아리로만 울릴지라도, 민주주의의
기반으로서 언론의 제 역할을 하려는 언론인들의 크고 작은 노력이
언젠가는 그 먼 곳에 닿을 것이라 믿는다. 해직된 언론인의 복직과
보상을 위한 오랜 노력도 결실을 맺고 시민의 표현의 자유, 사상의
자유가 온전히 보장되는 사회로 바뀌어가리라는 희망을 버리지 않
는다. 그러하기에 앉은 자리에서라도 저항한다. 우리, 살아 있으니.

집회와 시위에 관한 법률

1. "야간집회 11시부터 금지하는 것 합의해주면 될까요?"

2008년 봄부터 여름까지 연인원 100만여 명이 참여한 미국산 쇠고기 수입 반대 촛불집회가 이어졌다. 검찰은 다음 해 8월까지 참여자들 1204명을 일일이 추적 기소했다. 기소유예까지 포함하면 1340명이 이 집회 참여로 불려가 조사받았다. 그중 상당수는 집시법 야간옥외집회금지 위반, 기상청 자료를 근거로 확인된 일몰시간 이후에 집회에 참여하여 집시법을 위반했다는 것이다. 기소당한 시민들이 야간집회 금지조항에 대해 헌법소원을 냈다. 2009년 9월, 야간옥외집회금지 집시법 조항에 대해 헌법 불합치 결정이 났다. 2010년 6월 30일까지 대체입법을 하고 그때까지만 한시적으로 기존 법률 조항을 적용토록 한다는 것이다. 2010년 6월, 적용 시한이 다가오자 한나라당은 그래도 야간집회가 무제한 허용되어서는 안 된다며 '밤 10시부터 아침 6시까지 집회 금지' 규정을 새로 만들려 시도했다. 이를 막고 야간집회의 완전한 자유를 확고히 보장해야 할 주무 상임위 민주당 간사 의원실에서 온 전화. "밤 11시부터 금지하는 것으로 합의해주면 될까요? 아니면 밤 12시부터?" 집시법 전부개정법률안으로 야간옥외집회금지조항 폐지를 주장한 우리 의원실에 의견을 물어온 것이었다. 전화 내용은 기가 막히지만, 그래도 다행이지, 묻기라도 해주어서. 다급히 시민사회와 민주당 의원들의 간담회 자리를 만들고 한나라당의 협상 요구에 응하지 말 것을 요청했다. 한나라당의 입법 시도는 실패했고 위헌 결정대로 야간집회처벌조항은 완전히 효력을 잃었다. 그해 7월 1일 저녁 7시 57분 일몰과 함께 시민들은 사상 처음으로 야간옥외집회의 자유를 누리기 시작했다. 이제야 됐구나, 저물어가는 하늘을 올려다보았다. 진보정당의 입장에서 보면, 아슬아슬한 순간이 너무 많다, 국회에는.

2. 집회시위는 범죄 우려 상황이 아니라 시민의 광장 사용일 뿐

2015년 말, 노동법 개악, 밥쌀 수입 반대, 역사교과서 국정화 반대 등을 요구하는 집회와 시위를 막겠다고 대통령이 나서고 검찰·경찰까지 총동원령이 떨어졌다. 이명박정부가 미국산 쇠고기 수입 반대 촛불과 한미 FTA 반대 시위를 막는 데 전 경찰력을 쏟아 부은 것처럼, 박근혜정부도 민중총궐기를 주저앉히기 위해 온갖 수단을 동원하고 있다. 이미 새누리당은 2014년 7월 이후 세월호 가족들의 광화문 농성이 계속되자 집회시위를 통제하는 데 나서서 국가 지정 문화재로부터 100미터 이내에서는 집회와 시위를 할 수 없게 하고 같은 장소에서 30일 이상 동일한 시위를 할 수 없게 하자는 집시법 개정안을 내기도 했는데, 2015년 11월에는 복면을 쓰면 가중 처벌하는 일명 '복면금지법'까지 발의했다. 심지어 검찰은 복면금지법이 만들어지기 전이라도 양형 기준에 반영해 가중 처벌하겠다고 을러댄다. 경찰이 2차

민중총궐기 집회를 금지 통고했다가 법원에 의해 집행 정지당하는 부끄러운 일까지 벌어졌다. 심지어 강신명 경찰청장은 문화제로 치러진 12월 19일 3차 민중총궐기에 대해서도 "폭력을 쓰지 않았다고 정당화되는 시기는 지났다."며 처벌 방침을 밝혔다.

헌법 제21조가 집회 및 시위에 대한 허가를 명시적으로 금지하는데도 불구하고 집시법이 사실상 허가제로 운용되기 때문에 일어나는 문제들이다. 집회 및 시위의 자유는 민주주의의 근간을 이루는 권리로 헌법상 기본권이다. 거리에서 말할 자유를 옥죄면 민주주의는 아래에서부터 파괴된다. 그렇기에 주권자인 국민이 헌법에 허가제를 금지하는 명문규정을 두어 집회 및 시위의 자유가 특별히 보호되게 한 것인데, 박근혜정부는 이 헌법정신에 어긋나는 집회 및 시위의 자유 침해 행위를 거리낌 없이 저지르고 경찰이 그 앞장에 서 있다.

2008년 12월 발의된 민주노동당의 **집회 및 시위에 관한 법률 전부개정 법률안**이 그래서 여전히 유효하고 의미 있다. 시민사회와 함께 의논해 내가 대표발의한 법안이다. 이 법률안이 담은 가장 중요한 변화는, 집회와 시위를 범죄가 우려되는 상황으로 보던 종전의 생각의 틀을 깨고 시민의 자유로운 광장 이용으로 보는 발상의 전환이다. 왜 우리는 집회와 시위를 경찰서장에게 신고해야 한다고 생각해왔을까? 집회란 범죄 발생과 질서 혼란의 우려가 있는 것이라고 생각했기 때문 아닐까. "광화문 광장 양쪽에 넓은 도로가 있어 차가 달리는 곳이고 여기에 3천~5천 명이 모였다는 것 자체가 공안의 위험이 있는 것"이라는 경찰청장의 속마음이 이런 것 아니었을까. 반면 집회와 시위를 민주주의 사회에서 시민들이 공동생활을 위해 광장과 거리에서 펼치는 자연스러운 의견 표명 활동으로 받아들인다면, 야외공연을 하거나 장터를 펼치는 것과 다르게 취급할 이유가 없다. 그저 이용하고자 하는 장소에서 다른 행사와 겹치지 않도록 지방자치단체에 신고하면 된다. 경찰에 신고할 이유가 없다.

현행 집시법상 경찰은 집회 주최자가 누구인지 내용이 무엇인지에 따라 금지 통고를 할 수 있는 권한을 갖고 있다. 폭력충돌이 벌어지지도 않았는데 주최자에게 폭력충돌이나 신고사항 위배가 없을 것이라는 내용의 별도 약속을 하라고 요구하고, 그 약속을 하지 않는다는 빌미를 내세워 집회시위를 금지하는 경찰의 행위는 권력 남용에 가깝다. 심지어 2015년 12월에는 신고된 집회가 차명집회라는 이유로 금지 통고를 하기도 했다. 개정안은 이런 문제를 원천적으로 없앤다. 개정안은 집회시위 통제 권한을 경찰이 아닌 지방자치단체장에게 부여하므로, 당연히 경찰의 금지 통고권도 사라진다. 시간과 장소가 겹치는 여러 건의 집회시위 신고가 있을 때 서로 조정될 가능성이 없고 목적이 완전히 상반되는 때, 지방자치단체장이 집회·시위 자문위원회의 자문을 받아 금지 통고를 할 수 있을 뿐, 경찰이 폭력이 일어날 우려가 있다는 등의 이유를 들어 사전에 집회를 금지하는 것은 불가능해진다.

개정안에 따르면 경찰은 지방자치단체장의 요청이 있거나 집회의 주최자가 질서 유지나 교통 소통을 위하여 요청하면 비로소 개입할 수 있고, 실제로 폭력사태가 임박한 경우에만 집회를 해산시킬 수 있게 된다. 경찰의 해산 명령은 실제로 폭력사태가 임박한 경우 등 실질적으로 집회 및 시위를 해산시킬 필요성이 발생한 경우에 한정한다. 경찰의 사전 금지와 강압적 차단이 없으면 폭력이 일어날 가능성도 자연히 줄어든다.

집회와 시위를 범죄로 이어질 가능성이 높은 것으로 보아 경찰의 관리·통제하에 두는 데서 벗어나, 시민의 자유로운 광장 이용권의 하나로 받아들이고 지방자치단체의 관리에 따르게 하는 발상의 전환, 이것이 '집시법 전부개정법률안'이다. 이로써 집회와 시위의 자유는 경찰 규제 대상에서 벗어나 비로소 헌법상 기본권으로 인정받는다. 어느새 모두의 기억에서 잊혀진 법안, 살아날 수 있을까. 이런 생각이 가능하다고 다시 외칠 수 있는 날, 언젠가는 오겠지. 먼지를 털어 다시 꺼내놓는다.

6장 늑대에게 물리지 않으려거든
애완견으로도 키우지 말라

국정원해체법

불행한 이들이 자신 바로 다음으로 불행한 이들에게 분노와 증오를 내뿜는 것은 당연한 일인지도 모른다. 진짜 적은 접근할 수가 없고, 난공불락에 불가항력인 것처럼 보이니 말이다. 비참한 군중이 황무지를 정처 없이 떠도는 동안 정작 이들의 지도자는 무리를 버리고 높은 식탁에 앉아 만찬을 즐기고 있으니 말이다.

— 아룬다티 로이

『우리가 모르는 인도 그리고 세계』, 노승영 역, 시대의 창, 2014.

모든 의문의 중심에는
국정원이 있었다

2011년쯤부터였을까, 극우단체들이 시위대로 나서 '종북 공세'의 선두에 서기 시작했다. 야권 인사들의 발언을 앞뒤 잘라내고 꼬투리 잡아 국가보안법으로 고발하는 일도 이들의 몫이었다. 집회장에서 나눠주는 일당 받아 국밥 한 그릇 때울 듯한 노년 참가자들이 눈에 띄었다. 저열한 인신공격과 종북몰이 댓글과 게시물이 인터넷을 휩쓸었다. '일베', 댓글 부대…… 분석은 이어지는데 왜 갑자기 이들이 인터넷을 장악해가는지 이해하기 어려웠다. 자유롭고 민주적인 의사소통의 자리여야 할 광장과 인터넷이 마치 1945년 직후 백색테러가 횡행했던 서울 거리처럼 변해갔다. 뭐지, 옛날에 없어진 일인 줄 알았는데. 표현의 자유가 있으니 이것도 수용해야겠지. 정치인들 욕 먹고 먹살 잡히는 것쯤은 그냥 참아야 하는 거겠지. 민주주의니까. 분위기가 아무래도 이상했지만, 흘려 보내는 수밖에 없었다.

2012년 대선을 일주일 앞두고 국정원 대선공작의 극히 일부가 드러나기 시작했다. 2008년 미국산 쇠고기 수입반대 촛불시위가 있은

늑대에게 물리지 않으려거든 애완견으로도 키우지 말라

뒤, 이명박 대통령은 2009년 2월 최측근 원세훈을 국정원장에 앉혔다. "전 직원이 어쨌든 간에 인터넷 자체를 청소한다. 그런 자세로 해서 그런 세력들을 끌어내야 됩니다." 원세훈의 구두 지시다. 2010년 지방선거에서 야권연대 결과에 위기감을 느꼈던가, 총선 여소야대, 대선 정권교체를 막아야 나라가 흔들리지 않는다는 명분으로 국정원은 조직적이고 체계적으로 움직였다. 야권 후보와 야당을 비난하고 박근혜 후보를 찬양하는 인터넷 게시물을 쓰고 댓글을 다는 것이 국정원 직원들의 공식 업무였다. 기무사 군인들은 2012년 대선에서 야당 후보를 종북으로 몬 댓글을 인터넷에 많이 올린 공적으로 표창을 수여받았다. 김관진 전 국방부 장관은 이를 '대내 오염 방지'를 위한 것이라고 했다. 국정원, 국방부, 보훈처는 정부부처와 예비군 훈련장, 시도 교육청과 학교 안보교육에 시민단체, 노동자, 야당 정치인들을 종북으로 모는 내용의 영상을 담은 DVD를 배포해 상영하도록 했다. 국정원의 지휘 아래 국가기관 총동원 체제에서 대선이 치러지고 있었다. 투표일을 일주일 앞두고 국정원 직원의 댓글 작업 현장이 드러났으나 박근혜 후보는 도리어 여성인권 침해라고 반격했고, 결국 박근혜 후보 당선으로 대선 결과가 나온 뒤 국정원장과 극히 일부 직원만 대선 불법개입 공직선거법 위반, 국가정보원법상 정치관여 금지의무 위반으로 기소되었다.

퍼즐은 뒤늦게 맞춰지기 시작했다. 국정원 직원들이 댓글로 벌인 종북몰이가 거리에서 극우단체에 의해 재생되고 인터넷에서 일베에 의해 무한 반복되는 것, 끝없이 치닫는 경쟁과 소외의 반복 속에서 사회의 한구석으로 밀려난 사람들이 갑자기 역시 피해자인 사람들에게 맹목적인 분노를 쏟아내는 이 상황이 과연 국정원의 조직적 불법 대선개입 행위와 무관할까. 국회의 통제와 감시에서 완전히 벗어난 국정원 특수활동비가 어떻게 쓰이는지 아무도 알지 못한다. 누군가가 일부 극우집단을 동원해 마치 국민들 사이에 이념 갈등이 격화된 듯 비칠 만한 장면을 만들어내고 그것이 종편에서 무한 반복 상영되어 다시 여론의 대립을 가파르게 만드는 악순환이 한국 사회에서 시작된 것 아닐까. 한국 민주주의는 이미 이 악순환에 깊이 빨려들어 무너져가고 있는 것 아닐까.

그 뒤 이어진 장면 하나. 국정원이 2012년 12월 대선에서 조직적인 댓글공작으로 야당 후보들에 대해 종북 공세를 펴고 부정선거를 저지른 사실이 드러났다. 박근혜 대통령은 자신은 이익을 보지 않았다고 발뺌했지만, 취임 6개월도 되지 않은 2013년 8월, '부정선거로 당선된 박근혜 정권 퇴진, 국정원 해체'를 외치는 촛불이 서울시청 광장을 가득 채웠다.

장면 둘. 전세는 하루아침에 역전되었다. 2013년 8월 28일, 국정원은 진보당 내부에서 확보해 관리하던 프락치를 활용해 이른바

늑대에게 물리지 않으려거든 애완견으로도 키우지 말라

'RO(Revolutionary Organization)' 조직원인 진보당원 130여 명이 관여되었다는 내란음모사건을 조작하고 왜곡한 녹취록을 《한국일보》에 넘겨 기사회생했다. 여론재판은 국정원과 언론에 의해 사흘 만에 모두 끝나고 이석기 의원 체포동의안은 국회에서 압도적 다수로 가결되었다. 2014년 8월 서울고등법원 항소심에서 'RO'의 존재가 부인되고 내란음모혐의에 대해 무죄판결이 선고되었으며 2015년 1월 대법원에서도 이 판결이 확정되었지만, 이 판결이 나오기 한 달 전, 진보당은 이 세력에 의해 장악되었다는 이유로 헌법재판소에 의해 강제해산되어버렸다.

장면 셋. 2015년 11월, 박근혜 정권의 실정에 항의해 13만 명의 시민이 시위에 동참했고 경찰의 물대포에 칠순 농민이 사망으로 내몰렸다. 그러나 IS(Islamic State) 파리 테러사건을 계기로 국정원은 테러방지법 제정에 착수했고 새정치민주연합은 별다른 항의 한 번 없이 새누리당과 함께 논의에 들어갔다. 시위를 벌인 시민들은 대통령에 의해 복면 쓴 IS 대원에 비유되고 강경진압 엄벌 대상이 되었다. 휴대폰 감청과 금융계좌 추적으로 국정원이 시민의 일거수일투족을 다 들여다볼 수 있는 날이 멀지 않은 것일까.

아무래도 승자는 국정원인 것 같다. 지금으로서는.

진보를 복기하다

국정원이 활개 치는 이유

쿠데타로 집권한 박정희 독재를 유지시킨 기둥은 둘, '군(軍)과 정보기관'이었다. 하나회를 중심으로 육사 출신 장교들이 독점한 군, 공작정치와 공안사건 조작의 발원지 중앙정보부가 유신독재를 떠받쳤다. 김영삼 대통령의 공적은 하나회 해체가 아닐까. 박정희 쿠데타 세력의 뒤를 이어 12.12 쿠데타를 저질러 헌정을 파괴한 군대 내 사조직을 금지시켜 횡포를 막는 것은 독재의 유산을 청산하는 데 매우 핵심적인 조치였다. 그러나 중앙정보부는 '국가안전기획부(안기부)'로 이름만 바꿔 살아남아 다시 그 권력을 강화하려 했다. 김영삼 대통령도 1996년 12월 안기부법과 노동법 개악안을 날치기 처리하고 이듬해 큰 국민적 저항에 부딪혔다. 그 뒤에도 안기부는 김대중 대통령 당선을 막기 위해 북에 휴전선 인근에서 총격을 가해달라고 돈을 건넨 총풍사건까지 벌이고는 '국가정보원(국정원)'으로 이름을 바꿔야 했다.

민주정부 10년 동안 숨죽이며 개혁의 바람을 피해나간 국정원은 이명박정부 들어서서 본모습을 드러냈다. 2010년 지방선거에서 진보

성향의 야권연대로 야권이 압승하고 민주노동당이 약진하자 국정원이 댓글공작으로 불법 대선개입을 저지른 것이다. 박근혜 대통령 당선 이후 국정원의 공작은 도를 더한다. 대북 정보 수집 명목으로 탈북자를 수용·관리해온 국정원은, 이명박정부 시절 탈북자들의 인권을 유린하며 받아낸 거짓 진술들을 모아 2013년 1월 서울시 공무원 유우성 씨 간첩조작사건을 만들어냈다. 심지어 중국 출입국관리 공문서까지 조작해 증거로 냈다. 야권연대로 당선된 박원순 서울시장을 겨냥해 2014년 지방선거에서 종북 공세를 펴기 위한 것이었음을 어렵지 않게 짐작할 수 있다. 불법 대선개입이 드러나 국정원이 위기에 몰린 2013년 5월, 남재준 국정원장은 노무현·김정일 양 정상의 회담 녹취록을 새누리당에 넘겨주고 NLL(북방한계선) 문제를 빌미로 야당에 종북 공세를 가하려 했다. 노무현 대통령이 다음 대통령의 정상회담 시 참고할 수 있게 하라며 보관시켰던 국가기밀문서를 불법 공개한 것이다. 국정원의 생존을 위한 국면 전환용 술책이었다.

국가정보원법은 국정원의 업무를 "1. 국외 정보 및 국내 보안정보(대공, 대정부 전복, 방첩, 대테러 및 국제범죄조직)의 수집·작성 및 배포, 2. 국가 기밀에 속하는 문서·자재·시설 및 지역에 대한 보안업무, 3. 형법 중 내란의 죄, 외환의 죄, 군형법 등 반란의 죄, 암호 부정사용의 죄, 군사기밀보호법에 규정된 죄, 국가보안법에 규정된 죄에 대한 수사, 4. 국정원 직원의 직무와 관련된 범죄에 대한 수사, 5. 정보 및 보

진보를 복기하다

안 업무의 기획·조정"으로 한정하고 그 밖의 업무는 할 수 없도록 금지하고 있다. 법률상으로는 국정원의 국내정치 개입은 철저히 금지되어 있을 뿐 아니라 형사처벌 대상으로 정해져 있다. 그러나 국정원은 대북 정보 수집과 대공 수사, 기밀문서 관리 등 허용된 범위 내의 업무에서도 각종 인권 유린과 불법 행위들을 저질러왔다. 무엇보다 이 모든 일들을 권력의 입맛에 맞게 정치적으로 악용해왔다는 점에서 이미, 국정원의 주 업무는 국내 정치공작과 선거개입이었다. 2012년 대선을 앞두고는 국정원이 직접 직원들을 댓글공작에 동원하고 극우단체와 '일베'가 용병으로 나선 것이 전과 달랐을 뿐이다.

국정원은 어떻게 감히 국민을 상대로 이런 일을 저지르게 된 것인가. 역사적 배경 없이 일어나는 사건은 없다. 1945년, 독립운동가들을 밀고하고 토벌해 일본 제국주의에 나라를 팔고 일신의 안락을 꾀한 매국노들 앞에 생각지도 못한 해방이 왔다. 처벌이 두려웠던 그들, 다시 생존의 길을 찾았다. 미군정 치하 경찰로 복귀한 그들, 북이 불시에 전쟁을 일으켜 한반도 전체가 인민군 세상이 될 뻔했던 사실로부터 도출해낸 그들의 숭고한 사명은 '빨갱이 척결'이었다. 과거 자신이 때려잡은 사람들이 공산당이었다며 돌아온 그들, '불령선인(不逞鮮人)'이라 고문했던 독립운동가들을 부역자라는 이유로 다시 체포해 고문했다. 일제에 충성을 맹세하고 일본군 장교가 되어 항일 독립운동가들을 토벌한 만주군관학교 출신들이 국군의 뿌리인 양 행세하며 빨치산 토벌을 명분으로 민간인 학살의 피를 뿌리더니 1961년 5.16 쿠데타로 정권을 잡았다. 그들은 독재에 항의하는 국민들로 정권이 위기에 처할 때마다 간첩조작사건으로 권력을 다졌다.

"38선은 38선에만 있는 것이 아니"라던 김남주 시인의 일갈과 같이, 38선은 사람들 사이는 물론 각자의 머릿속에도 그어졌다. 빨치산에게 밥 한 그릇만 줘도 빨갱이로 몰려 죽어가는 광경을 지켜본 사람들은 학살당한 가족과 북으로 간 친지를 기억에서 지우고 입을 닫았다. 사람의 일생을 지배하는 공포가 이 사회에 만연했다. 평범한 사람들이 감당하기에는 너무나 무섭고 고통스러운 역사였다. 그 공포를 이길 사람이 얼마나 되었겠나. 분단이 만들어낸 증오와 공포에 사로잡힌 정치로 인해, 한국 민주주의는 중요한 단계마다 발목 잡혀 지체했고 급기야 후퇴했다. 천안함 사건을 빌미로 이명박정부가 2010년 취한 5.24 조치로 남북관계가 완전히 단절되자, 민주정부 10년 6.15 선언에 터 잡아 자라났던 동족의식과 호기심은 급속하게 북에 대한 적대의식과 조롱으로 바뀌었다. 분단으로 생겨난 뿌리 깊은 공포, 남북관계 후퇴로 다시 커진 적대의식, 이것이 국정원이 주도한 종북 공세의 역사적 배경이다.

그 방조자들이 있다. 새로운 진보를 자처하는 야당은 북과 관련한

국민의 불안을 이해해야 한다며 안보를 중시하고 북에 단호하게 대처하겠다고 한다. 천안함 사건이 북침이라 인정하고 대북 경계태세를 철저히 하자고 해야 '진보 혁신'이라고 한다. 비극의 역사로부터 만들어진 공포와 분노에 편승할 뿐, 분단의 상처를 그 연원으로부터 이해하고 근원에서 치유하는 길을 찾으려 하지 않는다. 분노에 편승하는 사람이 많아질수록 분노는 도를 더해가고 분노를 정당화하는 방법도 만들어진다. 불안의 원인이 된 그 상대방은 직접 건드릴 수 없으니, 내부의 누군가를 이탈자로 지목해 희생양으로 삼아 처단하는 것. 새로운 진보로 살아남으려면 여기서 머뭇거려서는 안 되니 재빨리 '헌법 밖의 진보'와 선을 긋고 이들과는 절대 손잡을 수 없다고 거듭 선언한다.

제1야당은 안보 문제에서 허약한 야당으로 비치면 중간층 표를 잃어 집권이 어렵다며, 남북갈등에 대해 단호한 대응을 주문하고 무기 배치 예산을 아낌없이 편성하는 초당적 협력을 과시한다. '안보에서 보수' 노선을 선언한 이들에게서 민주정부 10년 동안 이뤄낸 6.15, 10.4 선언의 성과를 지키려는 노력은 찾아볼 수 없다. 자신들의 대응이 국민들 마음속에 북에 대한 증오와 적대감을 키운다는 데 주목하지 않는다. 이 정치인들이 만든 온실에서 국정원은 마음껏 활개친다. 살아남기 위해, 표를 얻기 위해 그런 것이라 용인해야 할까. 역사에서는 방조의 책임도 지워지지 않는다.

03

국정원 해체가 대안이다

2013년 7월 말 국정원의 불법 대선개입 청문회가 열렸다. 국정원 규탄 촛불시위가 나날이 확대됐다. 국정원의 전면 개혁 또는 해체 주장이 광장에 울려 퍼졌다. 국정원을 통제하고 개혁할 수 있는 가장 확실한 기회였다. 그러나 새정치민주연합의 개정안들에는 근본적 문제 해결 방법이 들어 있지 않았다. 진성준, 진선미 의원안은 '대공, 대정부 전복, 방첩에 관한 국내 보안정보 수집·작성 및 배포 권한, 기밀관리 권한'을 국정원에 남겨 '통일해외정보원'으로 바꾸는 것이었다. 현행법으로도 국정원은 국내정보로는 보안정보만 수집할 수 있게 되어 있다. 그러나 국정원은 그 명목으로 국내 정부기관, 정당, 경제계, 언론사, 시민단체를 가리지 않고 광범위한 사찰을 해오지 않았나. 국정원 논법으로는 정권 비판이 곧 북한 연계를 의심할 징표라는 것 아니던가. 국정원이 정치인들 비리를 수집한다는 것은 공공연한 비밀 아니었나. 국내 보안정보를 계속 수집할 수 있게 놓아둔다면, 제한 없는 광범위한 사찰과 정보 악용이 보안정보 수집 명목으로 되풀이될 것이었다. 심지어 박영선 의원안은 국정원을 숱한 위법수사와 정치개입의 진원지로 만든 '국가보안법 수사권'까지 그대로 남겨두었다. 또 국정원 직원이 다른 국가기관이나 언론사에 상주해 정보를 수집하는 것을 금지하면서도, 국가기관 파견 연락 업무는 허용했다. 명분만 연락으로 바뀔 뿐 하는 일은 그대로일 것, 박영선 의원안은 국정원 개혁안이 아니라 '국정원 존속법'이다. 새정치민주연합의 세 안 모두 여기에 불법 정치개입에 대해 상부 명령이라는 이유로 면책받지 못하게 하는 당연한 내용 등을 더하는 수준의 개정안이었다. 왜 이런 개정안이 나온 것일까. 민주정부 10년 동안에도 국정원을 활용했던 것 때문일까. 영수증조차 붙일 필요 없고 다른 부처에 배정되어도 국정원 뜻대로 쓸 수 있는 예산이 연간 1조 원, 민주정부 시절에도 다를 바 없었다.

근본적인 변화가 필요했다. 국정원에 저 막대한 권한을 그대로 쥐어준 채로는 정치개입을 막을 수가 없었다. 형사처벌 강화 수준의 조치에 머물러서는 안 될 상황이었다. 말 그대로 '해체' 수준의 전면적 조치가 불가피했다. 진보당은 2013년 8월 초, 오병윤 의원 대표발의로 '국정원해체법'을 냈다. 대테러 및 국제범죄조직 해외정보 수집·작성 및 배포 권한과 기밀보안업무만 남겨 해외정보원으로 바꾸는 **국가정보원법 전부개정법률안**이다. 정치개입의 명분이 되어온 대공 수사권과 국내정보 수집권을 완전히 없애는 것이 핵심이다. 대공 수사권 폐지는 국정원 개혁의 필수 요소다. 정보기관이 국내 및 해외정보 수집 기능에 수사권까지 모두 갖는 것은 아시아, 아프리카의 일

늑대에게 물리지 않으려거든 애완견으로도 키우지 말라

부 권위주의 국가들에서나 있는 일이다. 국정원은 북한 때문에 국정원이 대공 수사권을 가져야 한다고 주장하지만, 독일의 경우 분단 상황에서도 보안수사는 경찰에, 국내정보 수집은 헌법보호청에, 해외정보 수집은 연방정보부에 맡겨왔다. 막강한 권력을 남용하며 국민을 억압했던 나치 체제의 게슈타포 경험 때문이다. 광범위한 국내정보 수집의 명분이 된 대공정보 수집권도 삭제한다. 이미 대공 부서를 두고 있는 검찰과 경찰이 대공사건의 수사권을 모두 행사하면서 대공정보를 수집하면 될 뿐, 별도로 국정원에 국내 대공정보 수집권을 남겨두어 무분별한 국내정보 수집과 이를 통한 정치개입의 길을 열어줄 이유가 없다.

오병윤 의원안은 국외정보 중 남북관계와 통일 문제 관련 정보 수집 업무는 통일부 산하에 '통일정보원'을 신설하여 이관하고 '해외정보원'은 대테러 및 국제범죄조직 해외정보 수집권만 갖게 했다. 1972년 7.4남북공동성명에 서명한 당사자가 중앙정보부장 이후락이었듯, 지금껏 남북관계 관련 핵심 부서는 통일부가 아니라 정보기관이었다. 북한에 대한 허위 정보를 대통령에게 보고하고 국회와 언론에 흘려 정국 전환을 꾀하는 것도 국정원이고, 탈북자들을 수용해 북한정보를 수집하다가 간첩조작 불법행위까지 저지른 것도 국정원이다. 남북관계 진전을 위한 정보 수집, 탈북자 관리와 지원 모두 통일부가 해야 할 일인데, 지금껏 국외정보 수집이라는 명분으로 국정원이 이

진보를 복기하다

를 독점하면서 정치적으로 악용해온 것이다. 오병윤 의원안의 취지는, 더 이상 대공사건 조작과 국내정치 개입을 위해 남북관계 정보를 수집하지 말고, 남북관계 개선과 통일을 위해 남북관계 정보를 수집하라는 것이다. 정보 수집의 목적이 바뀌면 주체도 바뀌어야 맞다. '통일정보원' 신설이 그 대안이 될 것이다. 이에 비해 박원석 의원안은 국정원의 국내정보 수집권은 전부 없애면서도 국외정보 수집권은 전처럼 통째로 부여하고 있어, 국정원에 의해 수집된 남북관계 정보가 국내정치에 악용될 우려를 남겨두고 있다.

국정원해체법이 발의된 직후인 8월 22일, 서울시 공무원간첩사건에 대해 무죄가 선고되었다. 국정원의 증거 조작이 드러난 것이다. 불법 대선개입에 간첩사건 증거 조작까지, 국정원이 최대의 위기에 몰린 때였다. 8월 28일, 아직 국정원법 개정안에 대한 논의가 시작되지도 않은 때, 국정원은 극적인 국면 전환에 성공했다. 대공 수사권을 움켜쥐고 중요한 정치적 고비마다 간첩사건이니 국가보안법 위반 사건을 엮어내 정국 전환에 활용해온 국정원의 수법이 또 한 번 발휘된 것이다. 이번 제물은 진보당이었다. 이로써 국정원은 살아났고 아무런 실질적 변화도 강제되지 않은 채 건재하다. 2014년 1월, 국회는 사이버심리전단의 불법 활동 처벌을 강화하고 국정원 정보관의 국가기관, 정당, 언론기관의 상시 출입을 금지하는 수준으로 국정원법을 개정했다. 그러나 국정원의 국내정보 수집과 수사권은 그대로다. 불

늑대에게 물리지 않으려거든 애완견으로도 키우지 말라

법적 활동조차 '대북 심리전'이라고 정당화한 사이버심리전단은 살아남았다. 불법 정치개입과 권력 남용 가능성도 그대로 남아 있다.

더구나 최근 원세훈 전 국정원장의 공직선거법 위반 혐의조차 대법원에서 무죄 취지로 파기환송되었다. 국정원법 위반에 대해서도 '국가안보를 위한 종북 비판'이라는 이유로 관대한 판결이 내려지지 않을지 우려된다. 이제 국정원은 '테러 방지'라는 명분을 내세워 권력 강화를 향해 통제 없이 내달린다. 2015년 12월, 박근혜정부와 새누리당은 '테러 예방 및 대응에 관한 법률안'(이노근 의원안), '국가대테러활동과 피해보전 등에 관한 기본법안'(송영근 의원안), '사이버테러 방지 및 대응에 관한 법률안'(이노근 의원안) 등을 추진하고 있다. 이 법안들에 따르면 국정원장이 대테러 대책 상임위원장이 되어 테러 사건 발생 시 정부 대응방향을 결정하고 군경이 포함된 대테러 특공대를 지정 설치한다. 국정원은 정보 수집·분석기관의 한계를 넘어 군 특공대까지 지휘할 수 있는 물리적 집행력을 확보한 기관이 되는 것이다. 국정원에 비밀리에 설치되는 대테러센터 직원들은 수사권을 갖는다. 현행 국정원법상 대공 사건에만 허용되던 수사권을 테러 방지 명목으로 폭넓게 획득하겠다는 것이다. 테러 조직원으로 의심할 상당한 이유만 있으면 출입국·금융·통신정보 수집이 전부 가능해진다. 사실상 증거 없이 국정원의 추론만으로도 모든 정보를 뒤져 볼 수 있다는 말이다. 도로와 지하철에 테러 예방을 위해 CCTV를 설치하고, 국가 중요 행사에 대해서는 관계 기관 합동 대테러 대책 기구를 만들어 테러 대책을 시행한다. 2009년 G20 정상회의 때 대통령경호실이 나서서 'G20 정상회의 성공 개최를 위한 경호 안전과 테러방지 특별법'을 만들어 회의장 반경 2㎞ 이내 시민의 집회와 시위의 자유를 완전 제한한 것과 같은 위헌적 행위를 이제 특별법 없이도 언제나 하겠다는 것이다. 송영근 의원안에는 특공대로도 모자라면 대통령이 군 병력을 동원하고 국회에 통보만 하면 되는 조항도 있다. 명백한 위헌이다. 헌법상 군의 임무는 '국가의 안전 보장과 국토 방위의 수행'에 한정되어 있다. 군을 국가비상사태에 동원하려면 대통령이 계엄을 선포해야 하는데, 이 법안은 계엄 선포 없이도 군이 민간 치안 유지에 동원되게 하는 것이다. 국정원이 헌법 위에 군림하는 무소불위의 기관이 되게 할 테러방지법 제정이 눈앞에 있다. 그런데 이를 막아낼 야당은 없고 그 대신 2016년 총선에서 여당 의석이 개헌선인 200석을 넘을 것이라는 예상만 떠돈다.

04

그들은 완전감시사회,
파놉티콘 세계를 꿈꾼다

생각이 불온하다고 추론하게 해줄 것들을 찾기 위해 한 사람의 컴퓨터 화면을 함께 들여다본다. 소리 없이, 실시간으로. 패킷 감청이다. 영장을 거듭 새로 받을 필요도 없다. 한 번 받은 영장으로 어떤 추가 사유 없이도 14번 연장해, 2년 6개월 동안 써먹는다. 국가보안법 위반인데 뭘.

노무현정부 시절 내가 변호인으로서 맡았던 국가보안법 사건에서는 경찰이 3년 내내 한 작가를 줄곧 따라다니고 그의 모든 전화통화를 감청했더랬다. 허물없는 사이인 친구와 통화하며 친구 집 개의 안부를 묻고 새해에 사진촬영 여행팀 초빙강사로 금강산에 다녀온 일을 말하며 "공화국에 신년인사 다녀왔지." 하고 함께 웃은 대화가 '이적목적'의 유일한 증거로 제출됐다. 결국 무죄 확정판결을 받았지만, 검찰의 구형은 징역 10년이었다. 같은 노무현정부 시절, 국정원은 그런 노력조차 들일 필요 없이 6년 동안 한 사람의 인터넷 전용 회선을 패킷 감청했다. 전화 감청은 그나마 자신의 생각을 말로 표현하는 때에만 수사기관의 귀에 포착된다. 하지만 패킷 감청은 인터넷 전화가 완전히 감청되는 것은 기본일 뿐, 어떤 사이트를 방문하는지, 어떤 음악을 듣는지, 어떤 글을 읽는지, 미니홈피에 혼자 보기로 해놓고 뭐라고 썼는지, 누구에게 돈을 송금하려다 취소하는지 등, 타인에게 한 번도 표현해본 적 없는 한 사람의 의식 흐름이 모두 수사기관의 정보로 쌓여 이적 목적의 근거로 재구성된다. 완전한 감시사회, '파놉티콘'의 세계다. 발전된 정보통신기술 위에서 개인의 통신의 자유, 사생활의 자유가 보장될 공간은 아예 없다. 더구나 그 사람과 한 공유기로 같은 회선을 쓰는 가족도 동료도 덩달아 한 묶음으로 감시망에 들어간다. 이명박정부와 한나라당은 2008년 통신비밀보호법 개정으로 아예 통신사에 감청시설 설치를 의무화하고, 하지 않으면 10억 원 이하의 이행강제금을 물리는 등 패킷 감청을 더욱 쉽게 확대하려고 나섰다. 특정인의 인터넷 회선에 일일이 감청장치를 설치하지 않아도 통신사에 자료 요청서만 보내면 손쉽게 패킷 감청을 할 수 있게 하는 것이다. 이른바 'MB 악법' 가운데 하나다. 한 달 넘게 국회 본회의장을 점거하고 농성을 벌인 끝에 민주노동당 보좌진들 모두 끌려나가 유치장에 갇히고 벌금 맞아가며 겨우 막았다.

박근혜정부는 한발 더 나간다. 입법 추진 중인 '사이버 테러방지법'은 국정원에 사이버 안전센터를 설치해 군까지 동원한 대응팀을 만들어 운영하게 해 국정원을 정보 수집 기관이 아닌 군까지 지휘할

늑대에게 물리지 않으려거든 애완견으로도 키우지 말라

수 있는 기관으로 끌어올린다. 국정원 직원은 물론 국가기관 및 정보통신업체 직원들에게까지 사이버테러 수사권을 부여한다. 국정원법의 수사권 제한 따위는 이제 아무 소용없다. '특정금융거래정보법 개정안'은 금융정보분석원(FIU)의 금융거래 세부 정보를 국정원에도 제공하게 하는 것이 골자이고, '통신비밀보호법 개정안'은 이동통신사가 정보기관의 휴대전화 감청 요구에 응하도록 한다. 테러 위험이 있거나 테러 용의자와 관련 있다고 '전체적으로 봐서 그런 기운이 오면' 국정원이 나서서 무엇이든지 누구든지 뒤져봐야겠다는 것이다. 설마 진짜 그렇게 하기야 하겠어, 하고도 남는다. 국정원의 미행 대상에는 UN 의사 표현의 자유 특별보고관까지 들어 있지 않던가. 2010년 5월 방한한 프랑크 라뤼 특별보고관이 한국 외교부에 직접 항의한 일이다.

말할 자유, 대화할 자유는 물론 생각할 자유까지 제한당하는 현실을 목도한 시민들은 스스로 내부 검열에 빠져들게 된다. 자기 검열의 시대, 이것이야말로 헌법이 보장한 사생활의 자유와 통신의 비밀을 침해하는 정권과 국정원이 원한 결과물이다.

05

국정원 해체해야
민주주의가 살아난다

권력을 놓겠다던 노무현 대통령의 시도는 실패했다. 권력기관으로 활용되는 긴 기간 동안 배태된 권력의 속성을 바꾸지 않은 채, 국민이 채 권력을 쥐기도 전에, 대통령이 가졌던 권력을 놓기만 했기 때문이다. 그것도 대통령 자신만 권력을 놓았을 뿐이다. 대통령의 국정원장 독대는 없어졌는데, 밑에서 일하는 사람들은 자신을 활용해달라는 국정원의 로비에 쉽게 넘어갔다. 민주정부에서도 국정원은 여전히 국내정치에 개입했고 내부의 개혁 시도는 실패로 돌아갔다.

더욱 뼈아픈 것은 테러방지법 등 국정원 강화가 추진된 것이 바로 민주정부 시절, 그 주체는 정부와 집권여당이었다는 사실이다. 현재 추진되는 테러방지법의 핵심 내용은 2001년 김대중정부가 제출한 '테러방지법안'과 똑같다. 심지어 군 병력 동원 후 국회 사후 보고로 계엄 선포 없이 군을 민간 치안 유지에 동원하는 위헌 조항까지도 이미 김대중정부안에 들어 있었다. 결국 국가인권위원회까지 나서서 위헌 문제를 지적하는 등 논란 끝에 폐기된 이 안이 노무현정부 시절 열린우리당에 의해 '테러방지 및 피해보전 등에 관한 법률안'으로 거의 그대로 다시 제출되었다가 폐기되고 지금 박근혜정부에서 되살아난 것이다. 그나마 이노근 의원안에는 군 동원 조항이 빠졌으니 오히려 다행이라 해야 할까.

민주정부 10년 동안에도 그대로 살아남은 국가정보원은 이제 독재의 유산을 넘어 민주주의 파괴의 주범이 되었다. 국정원 불법 대선 개입 규탄집회 앞에서 맞불집회를 열고 일당을 받아 가고 세월호 진상규명을 요구하는 농성장에 들어와 충돌을 일으키는 극우단체의 모습, 불행한 사람이 더 불행한 사람을 공격함으로써 자신의 존재를 이어가는 참담한 상황이 바로 국정원이 최근 몇 년 동안 벌여온 공작의 결과가 아닐까. 민주시민과 야당을 종북 세력으로, 적으로 규정해 작전을 벌여온 국정원은, 공존의 가능성을 열고 대화하는 시민이 아니라 적대감과 증오심에 찬 용병의 모습을 한 존재들을 만들어내고 있다. 권력기관의 민주주의 파괴 공작을 단죄하고 단호히 뿌리 뽑지 않으면 민주주의는 껍데기만 남고 안에서부터 무너진다.

국정원을 해체해야 민주주의가 살아난다. 망설여서는 안 된다. 독재 권력에 악용된 권력기관들은 해체하여 권력을 철저히 배분해야 한다. 되풀이해 악용되지 않기 위해 꼭 필요한 일이다. 활용할 필요가 있다는 주장은 유혹일 뿐이다. 독재체제의 산물인 권력기관들은 정

진보를 복기하다

권이 바뀌면 애완견이 되어 비위를 맞춰 살아남고, 극우세력이 다시 정권을 되찾으면 늑대의 본모습을 드러내 상대를 물어뜯는다.

늑대에게 물리지 않으려거든 애완견으로도 키우지 말라.

초생달 /2016

7장

경제성장의 외형 대신
민주주의, 호혜 협력,
평등과 인권의 가치를

통상절차법

독립의 문제는 단순한 형식의 변화가 아니라
영혼의 변화다.

- 호세 마르티

01

촛불의 힘으로 제정됐으나,
알맹이는 빠졌다

한중 FTA가 여야 합의로 국회를 통과했다는 기사에 4년 전 한미 FTA 강행 처리 때와 달랐다는 제목이 붙었다. 2011년에는 민주당을 포함한 모든 야당이 한미 FTA 비준을 반대했고 민주노동당 김선동 의원이 강행 처리를 막으려고 국회 본회의장에서 최루가루를 뿌려 의원직을 박탈당했다. 그런데 2015년 11월 새정치민주연합은 새누리 당과 악수하며 한중 FTA를 합의 처리하고, 한중 FTA 비준에 반대 한 농민은 물대포에 맞아 사경을 헤맨다. 분노조차 제대로 표출해낼 정치세력이 없을 때, 목숨을 빼앗기는 서민을 뒤로 한 채 정치권에 는 점잖은 웃음이 번진다.

2008년 5월, 미국산 쇠고기 수입에 반대하는 중고등학생들이 청계 광장에 모였다. 일본, 대만에는 수출하지 못하면서 한국에만 30개월 령 이상 쇠고기 수입을 압박하는 미국의 고압적인 태도와, 국민에 게는 아무 말 없이 덜컥 협상을 타결하고 온 이명박정부의 밀실 굴 욕 외교에 대한 반발이었다. 광화문 네거리에 컨테이너로 산성을 쌓

경제성장의 외형 대신 민주주의, 호혜 협력, 평등과 인권의 가치를

고 청와대에 빗장을 걸어 잠근 이명박정부의 불통이 촛불시위를 더욱 키웠다. 야당이 장외투쟁에 나서면서 18대 국회 개원도 자꾸 미뤄졌다. 교섭단체 간 개원 협상에서 한나라당과 민주당은 서면합의로 2008년 12월 31일까지 '통상절차법'을 제정하기로 약속했다. 통상절차법 제정이 처음으로 수면 위로 떠오른 순간이었다. 당초 논의가 시작된 것은 노무현정부가 2003년 임기 첫 해부터 농민들의 항의에도 불구하고 한-칠레 FTA 국회 비준을 시도했을 때였다. 이후 민주노동당 권영길 의원안도 발의되었는데 국회에서 별다른 진척이 없다가 비로소 현안이 된 것이다.

이 법만큼은 내 손으로 꼭 만들고 싶었다. 촛불시위가 계속되던 2008년 7월, 권영길 의원안을 다듬고 보완해 민주노동당의 **통상협정의 체결절차에 관한 법률 제정안**(통상절차법)을 대표발의했다. 특히 국회가 한미 FTA 재협상을 요구할 권한을 보장하는 데 주의를 기울였다. 국회의원이 되어 발의한 첫 법안이었다. 단순히 정부 관료들의 업무 관행의 절차 일부를 바꾸려는 것이 아니었다. 정부가 다른 나라를 상대로 우리 국민을 대표하여 국민의 삶을 좌우할 결정을 내릴 때 국민의 의견을 듣고 국회의 통제를 받는 것은 지극히 당연한 민주주의 원리다. 그런데 국민은 물론 국회도 아무것도 모른 채 비준동의안을 조속히 처리하라는 압박만 받고 있는 것이 현실이다. 이 상황을 바꾸고자 했다. 헌법 제60조 제1항은 국회가 조약의 체결·

비준에 관한 동의권을 가진다고 정하는데, 오히려 국회가 이 권한을 스스로 포기하고 손 놓고 있는 현실을 바꿔 국회의 권한을 회복하려는 것이었다. 그러나 정부가 통상절차법 제정을 반대하자 여야 합의는 물거품이 되고 시간이 흘렀다. 이명박정부와 한나라당은 2011년 11월 한미 FTA 비준동의안을 강행 처리하면서 야당과 시민사회의 강력한 반대에 부딪히자 그제야 통상절차법 제정을 대가로 내놓았다. 하지만 껍데기만 씌워졌을 뿐 내용은 텅 비어버렸다. 그러니 2015년에도 농업을 벼랑 끝으로 내모는 한중 FTA 협정문이 농민들의 항의는 아랑곳없이 초고속으로 처리된 것일 터다.

경제성장의 외형 대신 민주주의, 호혜 협력, 평등과 인권의 가치를

핵심은 국회의 조약체결동의권

내가 대표발의한 통상절차법안의 가장 큰 특징은, 지금까지 늘 벌어진 일, 곧 정부가 조약문에 서명해서 내용을 다 확정해놓고는, 국회에 들고 와서 빨리 비준동의해주지 않으면 국가신인도가 떨어진다고 압박하는 상황이 아예 일어날 수 없게 하는 것이다. 가(假)서명된 상태에서 국회의 동의를 얻도록 하기 때문이다. 17대 권영길 의원안, 18대 천정배 의원안도 모두 같은 구조를 취하고 있다. 매우 큰 변화다. 조약이 발효되려면 원칙적으로 협상을 맡은 정부 대표가 서명해서 조약문을 확정하고, 그다음 정부 수반이 비준하는 절차를 거쳐야 한다. 지금까지는, 서명은 정부가 단독으로 하고 국회는 비준에 대해서만 사전 동의해왔다. 그러나 이는 관행일 뿐, 정작 헌법에는 꼭 그렇게 정해져 있는 것이 아니다.

국회는 비준동의권만을 행사해왔지만, 헌법은 국회가 '체결·비준에 대한 동의권'을 행사하게 하고 있다. 헌법 제60조 제1항 "국회는 상호원조 또는 안전보장에 관한 조약, 중요한 국제조직에 관한 조약, 우호통상항해조약, 주권의 제약에 관한 조약, 강화조약, 국가나 국민에게 중대한 재정적 부담을 지우는 조약 또는 입법사항에 관한 조약의 체결·비준에 대한 동의권을 가진다."가 그것이다. 국회는 현행 헌법의 틀 내에서도 비준동의권 외에 서명 단계를 포함한 조약체결 절차 전반에 대한 동의권을 행사할 수 있다. 헌법의 틀 내에서도 얼마든지 국회가 실질적 통제권을 가질 수 있다는 말이다. 그리고 이래야 비로소 국회의 헌법상 권한을 제대로 행사하는 것이다.

통상절차법안에 따르면 정부의 독단은 더 이상 되풀이될 수 없다. 정부가 가서명된 조약안을 일단 모두 국회에 보고해야 하기 때문이다. 이 단계에서 국회는 동의 절차를 거치든 거치지 않든, 모든 조약안의 내용을 파악하게 된다.

법안은 이 가운데 헌법 제60조 제1항에 해당하는 조약안에 대해서는 정부가 국회에 체결동의안을 제출하게 했다. 또 국회가 판단하기에 헌법 제60조 제1항에 해당하는데 정부가 달리 판단할 때는 국회가 정부에 체결동의안을 제출하도록 요구할 수 있게 했다. 국회 동의가 필요한 것인지를 지금까지는 정부가 판단하여 처리했지만, 이 법안은 그것도 국회가 최종 판단하게 바꾼 것이다.

절차를 이렇게 바꾸면 당연히 국회가 '재협상 요구권'을 행사할 수 있게 된다. 법안에 국회가 정부에 재협상을 요구할 수 있는 경우를

경제성장의 외형 대신 민주주의, 호혜 협력, 평등과 인권의 가치를

구체적으로 열거했다. 통상조약의 내용이 수정될 필요성이 있다고 판단하는 경우, 즉 통상조약정책의 목적이나 통상협상 기본 계획에 맞지 않는 때, 정부가 국회에 보고한 조약 추진계획과 중대한 차이가 있는 때, 이 보고에 대해 국회가 부과한 조건에 맞지 않는 때, 각 산업 또는 고용에 미치는 영향이 과도하거나 조약의 이행을 위한 소요비용이 과다할 것이 예상될 때, 협상안의 이행을 위한 국내법 개정이 이해당사자 등의 경제적 이익을 과도하게 제한하는 때, 조약안이 헌법 위반인 때다. 국회가 재협상을 요구할 수 있어야 실제로 국민의 반대 또는 수정 의견을 국회가 대변할 수도 있고 정부의 조약 체결을 통제할 수도 있다. 이 법안은 특히, 법이 실제로 시행될 때에 이미 체결이 끝난 통상조약이 위 재협상 요건에 해당하면 예외적으로 국회가 비준 전에 정부에 재협상을 요구할 수 있게 했다. 법안 발의 당시 체결이 이미 끝난 한미 FTA에 대해서도 국회의 재협상 요구권이 보장되도록 넣은 조항이다.

가서명된 조약안을 국회가 동의해주면 그때 비로소 정부 대표가 조약을 체결할 수 있게 된다. 법안은 정부 대표에게 상대국에 국내 조약체결 및 발효 절차 등을 알려주어야 하는 의무를 부과하고, 조약문에 가서명할 때 그에 따른 조건을 부여하게 하여, 이 법 시행으로 인해 당사국 간 절차가 다르거나 상호 이해가 부족하여 문제가 생기는 일이 없도록 했다. 체결이 끝나면 다시 비준동의 절차를 밟도록 했다. 이때는 서명된 조약에 대해 국회의 실질적인 심의와 검토가 다 이루어진 뒤이므로 비준동의는 형식적인 절차가 될 것이지만, 헌법 제60조 제1항이 국회의 '조약체결·비준에 대한 동의권'을 명시하고 있으므로 비준동의 절차를 남겨두었다.

또 하나 주의를 기울인 것은 '국민의 알 권리'와 '이해관계인의 참여 보장'이다. 가서명된 조약안에 들어 있는 통상협상 등에 관한 정보는 국민과 이해당사자 등에게 신속·투명하게 공개하되, 통상위원회의 의결과 국회 소관 상임위원회의 동의가 있으면 예외적으로 특정 부분만 비공개할 수 있게 했다. 통상위원회는 통상조약에 관한 정부의 계획·집행·평가를 심의하고 결정하기 위해 두는 기구로, 민관이 함께 참여하는 기구다. 이해관계가 다른 여러 부처의 조정을 위해 각 부 장관들도 참여한다. 통상위원회에는 부문별 소위원회와 협상별 위원회를 두어 전문적이고 실용적인 의견 조율이 이루어지게 했다. 통상협상단에도 민간위원의 참여를 보장하고, 중대한 사정이 있는 경우가 아니면 국회의 추천에 의해 이해관계인 또는 전문가도 협상을 참관할 수 있게 했다.

중장기적인 경제통상 전략을 마련하기 위해 정부는 3년마다 통상협상에 관한 기본 계획을 세우고, 기본 계획에 따라 매년 실천 계획도 세운다. 계획 수립 시에는 미리 산업영향평가를 하고, 조약체결 후에도 매년 통상조약 정책을 평가한다.

그러나 실제 '통상조약의 체결절차 및 이행에 관한 법률'이 제정될 때는 이러한 제안들은 전혀 논의되지 않았다. 2011년 가을, 정부·여당이 한미 FTA를 강행 처리한 데 대한 비판 여론이 높아지면서 야4당이 함께 '10가지 항목의 재협상과 2가지 국내 보완대책 요구안'을 채택했는데, 이 국내 보완대책이 무역조정지원제도와 통상절차법 제정이었다. 한나라당은 야당의 반발을 무마하려는 차원에서 통상절차법 제정 요구를 받아들이면서 이를 이용해 또 하나의 문제를 해결하려 했다. "미국 연방법과 충돌하는 한미 FTA의 규정이나 적용은 효력이 없고 협정에 어긋난다고 해서 주법의 규정이나 적용을 무효로 선언할 수 없다."는 미국의 한미 FTA 이행법안 내용이 알려지면서 불거진 문제였다. 한국 내에서는 한미 FTA가 상충되는 국내법보다 우선 적용되는데, 미국 내에서는 거꾸로 한미 FTA와 충돌하는 미국법을 개정해야만 한미 FTA가 적용되는 불평등이 드러난 것이다. 이 문제를 뒤늦게 깨달은 한나라당이 통상절차법에 위 FTA 이행 법안과 유사한 조항을 넣자는 민주당의 주장을 받아들였다. 이 조항이 한미 FTA의 불평등 문제를 국내법을 만들어 제거하는 묘안이라고 여긴 것인지. 민주노동당과 정동영·최재성 민주당 의원은 반대했다. 위헌 소지 때문이다. 우리 헌법은 조약에 법률과 동일한 효력을 부여하고 있어서 국내 적용에 별도 이행입법이 필요 없고, 별도 이행입법이 있어야 조약이 국내에서 효력을 갖는다고 규정하면 오히려 이 조항이 헌법 위반이 될 수 있다. 그러니 이 조항을 넣는다고 해서 통상절차법의 다른 쟁점을 양보하거나 한미 FTA에 찬성할 수 있는 것이 아니었다. 하지만 당시 민주당은 이 문제에는 입을 닫고 통상절차법의 실효성과 관련된 '국민들의 알 권리, 참여권, 국회의 통제권' 등의 핵심 내용에 대한 실질적인 협상은 전혀 이뤄지지도 않은 상태에서 한나라당의 수용안을 덥석 받아 상임위에서 찬성표를 던졌다. 하지만 결국 본회의 통과 시 이 조항은 위헌 소지가 있다는 이유로 조용히 삭제되었다. 통상절차법 제정 협상에서 민주당이 얻어낸 것은 무엇일까.

이렇게 제대로 된 논의도 없이 만들어진 현행 통상절차법은 제목만 그럴듯하게 붙었을 뿐 실효성은 없는 것이 되어버렸다. 현행 통상절차법은 국회가 비준동의권만을 행사하는 것을 당연한 일로 받아들이고 있다. '조약체결 동의권'은 거론조차 되지 않았다. 전과 달라진 것은, 정부가 진행 중인 통상협상 또는 서명이 완료된 통상조약에 관한 사항을 국회 외교통상위원회, 산업통상자원위원회 및 통상 관련 특위 요구가 있을 때 보고해야 한다는 것, 통상협상 개시 전 정부가 통상조약 체결계획을 수립하고 이를 국회 산업통상자원위원회에 보고하게 한 것, 통상협상 개시 전 통상조약 체결의 경제적 타당성을 검토하게 한 것, 통상조약 의무 이행으로 특정 품목 국내 피해

경제성장의 외형 대신 민주주의, 호혜 협력, 평등과 인권의 가치를

가 회복되기 어려울 정도로 크다고 판단하는 경우 통상조약 개정 추진 등 다양한 대책을 강구하게 한 것 정도이다. 국회의 '재협상 요구권'은 없다. 민간의 참여는 통상교섭민간자문위원회에 국한되었다. 이 때문에 통상절차법 제정 후에도 여전히 헌법상 국회에 부여된 조약체결 동의권은 실질적으로 보장받지 못하고, 이해관계인들이라도 조약체결 전에는 협상 내용조차 알지 못한다. 통상절차법이 만들어지고도 여전히 밀실 협상이 그대로 되풀이될 만큼 이 법은 무력하기 그지없다.

제대로 된 통상절차법이 만들어졌다면, 정부가 중국과 관계를 개선하려는 정치적 목적에 따라 어느 날 갑자기 '한중 FTA 협상 개시'를 선언하고 국회에 일방 통보할 수는 없었을 것이다. 한중 FTA 협상을 개시하기 전에 협상 개시가 적절한지, 사전 준비는 충분한지, 국회에 보고하고 논의하는 과정을 거쳤을 것이다. 협상 개시 후 어떤 품목에 대해 어떤 논의가 되는지 이해관계인들이 적시에 파악해 의견을 내고, 정부가 이를 수렴해 협상전략을 세울 수 있었을 것이다. 중요한 대목마다 국회 관련 위원회가 정부에 보고를 요구하고 이에 따라 다양한 협상전략을 제안하는 것은 물론, 정부로서는 통상절차법에 따라 국회 동의가 있어야만 협상을 끝내고 협정문을 확정할 수 있으며 국회의 판단에 따라 재협상에 들어가게 될 수 있다는 것을 중국 측에 알리고 이 절차가 원만하게 진행되도록 중국 측에 양보를 요구하는 등 통상절차법의 존재 자체를 협상전술로 쓸 수 있었을 것이다. 가서명된 협정문에 대한 국회의 의견이 취합되었을 것이고, 정부로서는 협정문의 체결동의안 및 비준동의안 통과 시점도 양국 관계와 정치경제 환경을 고려하여 가장 유리한 때에 국회와 협의해 처리할 수 있었을 것이다. 국회 동의에 매우 상세한 검토가 필요하고 이해관계인들도 설득해야 하며 해당 절차에 상당한 시간이 걸린다는 것을 중국 측이 받아들여야 하는 사정으로 설명할 수 있기 때문이다. 그렇게 얻어낸 시간은 의견 수렴의 기간이기도 하고 국내 산업이 필요한 준비를 갖출 여유 시간이기도 한 것이다.

03

진정한 피해 복구는
기존 FTA 전면 재검토

진보정치는 이런 통상절차법을 통해 어떤 통상환경을 만들 것인가. 개별 FTA마다 손익계산서를 정확히 산출하고 한국 경제에 유익한지 따져 체결 여부를 결정해야 하지만, 노무현정부가 동시다발적 FTA 추진 전략을 취해 한꺼번에 다수의 FTA 협상을 시작하고 조기에 발효시키려 한 결과, 각각의 FTA 발효의 효과를 분석하고 미비점을 검토하여 개선점을 찾고 다른 나라와 벌일 협상에 반영하는 것이 불가능해져버렸다. 노무현정부 시절부터 지금까지 10여 년 사이에 EU(유럽연합), 미국, 인도, ASEAN(동남아시아국가연합), 칠레, 싱가포르, EFTA(유럽자유무역연합), 캐나다, 호주, 뉴질랜드, 멕시코, 페루, GCC(걸프협력이사회) 등과 FTA 협상이 거의 동시에 진행되고, 연이어 발효되고 있다. 박근혜정부는 미국이 주도하는 TPP 가입도 시도하고 있다. 동시다발적 FTA 추진 전략은 이미 너무 많이 진행되어버려 폐기 또는 변경을 말하기도 늦은 듯하지만, 지금이라도 협상 중인 FTA에 대한 속도 조절이 필요하다. 이미 체결된 FTA의 순기능과 역기능을 평가하고, 피해 복구에 필요한 최소한의 조치를 취한 뒤, 그 기초 위에서 순차적·개별적 검토에 따라 각각의 FTA에 대한 입장을 정해야 한다.

피해 복구의 최소 조치는 바로 국민기초식량보장법 제정이다.(3장 참조) 농업을 희생시켜 수출 재벌대기업의 이익을 도모하는 FTA에 대해 제1야당은 늘 피해보전액수를 일부 늘리는 조건으로 찬성해왔다. 한중 FTA를 합의 처리할 때도 새정치민주연합은 '피해보전직불금제 보전 비율 90%에서 95%로 인상, 밭농업 고정 직불금 1ha당 25만 원에서 40만 원으로, 2020년까지는 60만 원으로 인상, 피해 농어민 지원 기금 향후 10년간 1조 원 조성' 등 농업 구제 대책을 세웠으니 아쉽지만 대승적으로 합의했다고 말한다. 그러나 직불금 늘리는 정도로 농업 몰락 추세를 바꿀 수 없다는 것은 명백하다. 경쟁력을 키워 수출 판로를 개척한다고 해봤자 특정 작목 몇 가지는 키울 수 있어도 농업 전체를 살릴 수 있는 것은 아니다. 더구나 한미 FTA로 예외 없는 농산물 전면 개방이 이미 시작됐고 쌀마저 전면 개방되었다. 한중 FTA는 그나마 남은 수입원이었던 밭작물과 하우스작물까지 잠식할 것이다. 국민기초식량보장법을 제정해 주요 농작물에 대해서라도 적극적인 보호정책을 실행해야만 지금까지 밀려온 FTA로 농업이 파괴된 것을 최소한이나마 복구시킬 수 있다.

FTA 체결 과정에서 '사회적 합의, 피해산업 생존·발전 대책 수립, 활용 기반 조성'이 반드시 이루어져야 한다. 통상절차법이 제대로 보

경제성장의 외형 대신 민주주의, 호혜 협력, 평등과 인권의 가치를

완되어 충분한 사회적 논의 절차가 보장되어야 하고, 이 절차를 충실하게 거쳐 이해관계인을 포함한 사회적 합의가 이루어져야 한다. 국민기초식량보장법 시행에 따라 농업이 살아날 최소한의 가능성을 확보하고 식량자급률이 일정 수준 이상에 오를 때까지만이라도 농업을 희생시키는 내용은 FTA에 들어가지 않게 하는 등 피해산업 생존대책을 세워야 한다. FTA 협정들이 체결·발효되어도 원산지 규정 등 자세한 내용을 관련 산업에서 파악하고 준비하지 못해 이익을 활용하지 못하는 경우가 없도록 정부가 활용 기반을 조성해야 한다.

FTA 협상 과정에서 지켜져야 할 조건들이 있다. 손익계산도 이 조건들을 충족하는 위에서 이뤄져야 한다. 돈으로 환산하여 대가를 받는다고 해서 포기할 수 없는 가치만큼은 보장하기 위해서다.

첫째, '식량안보'다. 원칙으로 농산물은 FTA 대상에서 제외하는 것이 맞다. 식량자급은 국가 존립에 필수적인 것이기에 농업이 자유무역의 논리에 휘둘려 피폐해져서는 안 되기 때문이다. 제 땅에서 난 농산물이 그 나라 사람에게 가장 안전하고 잘 맞으며 친환경적이기 때문이기도 하다. 장기적으로 이 방향으로 나아가되, 당장 이를 관철하기 어려운 조건이라면 품목별 식량자급률이 국민기초식량보장법에 따라 정해진 수준에 미달하면 개방 품목에서 제외하고 GMO 수입은 금지하는 것이 협상에서 지켜져야 할 최저선이다.

둘째, '공공정책 결정권'이다. 한미 FTA에 대해 가장 심각한 문제로 지적된 것이 바로 한국정부가 보유한 교육, 의료, 주거복지와 같은 공공정책결정권이 침해당할 위험이 존재한다는 것이다. 영리학교 및 영리병원을 한번 허용하면 이를 철회할 수 없도록 하는 '역진방지조항'으로 인해 한미 FTA 발효 이후 한국정부는 미국 자본이 이 분야에 한번 들어오게 되면 사실상 공공정책의 자율성마저 침해당하는 상황에 놓이게 되었다. 주권국가로서 정책 자율성을 제한하거나 사실상 포기하게끔 하는 조항은 배제되어야 한다.

셋째, '사법주권'이 온전히 보장되어야 한다. 이전에는 양 당사자 사이에 개별 사안에 대한 별도 동의가 있어야만 국제중재가 개시될 수 있었지만, 한미 FTA 등에 포함된 ISD(투자자-국가소송제) 조항 발효 이후 한국정부는 별도의 동의 없이도 외국 투자자의 제소로 국제중재에 회부될 수 있게 되었다. 특히 사법부의 판결마저 ISD 조항에 의해 제소당할 수 있어서, 국내 법원의 사법적 판단까지 배제될 위험에 처한다. 사법주권까지 훼손당하면 헌법에 근거해 실시되는 공공정책을 지킬 마지막 보루마저 사라지는 셈이다.

동시다발적 FTA 추진 전략에 따라 한꺼번에 쏟아져 들어온 통상협정에 대한 전면 재검토는 진보정치가 방기할 수 없는 문제다. 세계경제의 흐름을 한 국가의 힘으로 바꾸기는 어려울지라도, 국민의 힘을

경제성장의 외형 대신 민주주의, 호혜 협력, 평등과 인권의 가치를

모으면 그 흐름에 대책 없이 휩쓸려가는 것을 피할 여지는 남아 있다. 강대국을 상대로도 평등한 대외관계를 만들어갈 힘, 대외적 자립과 평등을 이룰 힘은 대내적 민주주의에 의해 밑받침된다. 통상절차법은 그 힘을 축적해둘 수 있는 유용한 수단이 된다. 우선 급류를 피할 안전지대만이라도 만들어두어야 한다.

04

헌법 60조 1항, 정치·군사 등
모든 분야에 적용돼야

조약에 대한 '국회의 통제권, 이해관계인의 참여권'이 보장되는 것은 통상협정에 대해서뿐만 아니라 정치·군사 등 모든 조약에 대해 필요하다. 이것이 헌법 제60조 제1항 규정에도 맞다. 국민 생활상에 큰 영향을 미쳐 다수의 이해관계자가 발생하는 통상조약부터 참여와 통제 절차를 만들기 위해 통상절차법 제정을 우선 추진하였으나, 이는 장차 모든 조약에 대해 적용되는 '조약체결절차법'으로 발전해야 한다. 2005년에서 2006년경 '미군기지 이전 협정'으로 인해 땅을 수용당하게 된 평택 대추리 주민들과 시민사회가 크게 항의한 것처럼, 정치·군사에 관한 조약도 이해관계인으로 하여금 회복할 수 없는 손해를 감수하게 하는 경우가 상당하다. 한일어업협정에 대해서는 헌법재판소가 국가의 영토권에 관련된 것이라고 판단한 바 있는데, 해당 지역 어민뿐만 아니라 국민 전체의 이해관계에 영향을 미치는 것이라고 볼 수 있다.

문제는 정부가 아예 국회에 비준동의를 요청하지 않는 것 가운데 국회의 동의를 받아야만 할 중요한 조약들이 있다는 것이다. 이를 정부가 임의로 하는 판단에 맡기지 않고 국회가 판단하여 체결동의와 비준동의 절차를 각각 밟게 한 것이 바로 통상절차법안의 핵심 내용 가운데 하나다. 이 내용이 통상협정 외에 다른 정치·군사 등 협정에 모두 적용되는 조약체결절차법에 들어가야 함은 물론이다. 2014년 12월 체결된 '한미일 군사정보공유 약정'과 같이 헌법 제60조 제1항 안전보장에 관한 조약임이 분명한데 정부가 '한일 군사정보보호 협정'을 추진하다 국민적 반발에 밀려 실패하자 정부 간 약정으로 형태를 바꿔 국회동의 절차를 피해버린 경우, '미군기지 이전 협정'과 같이 국가에 중대한 재정적 부담을 지우는 조약이어서 국회 동의 절차를 거치고도 그 핵심 내용인 이전 시기의 변경이 있는데도 개정안 비준동의 절차를 밟지 않은 경우 등, 정부는 국회 동의 절차를 회피하려는 모습을 보여왔다. 아무리 강대국과 관련된 일이라 해도 대한민국은 독립된 주권국가로서 자국민을 보호하고 국익을 관철하기 위해 대등한 외교를 펴야 맞다. 그 첫 시작은 국민에게 조약협상의 실상을 알리고 그 의견을 수렴하며 국회의 통제권을 인정하는 것인데, 이것마저 정부의 임의대로 회피하는 일이 더 이상 방치되어서는 안 된다.

또한 국제인권조약들 가운데 노동 관련 중요 협약에 대한 비준을 정부가 계속 미루고 있어 국제 인권 기준과 국내 인권 현실 사이에 벌어진 격차가 좁혀지지 않고 있다. 국제노동기구(ILO) 협약 중 우리나라가 비준한 협약의 숫자는 OECD 국가 중 가장 적다. 특히 정부는 핵심 협약 중의 핵심인 '결사의 자유 협약(87호, 98호)'을 비준하지 않고 전교조 법외노조화, 공무원노조 설립신고 수리 거부 등의 협약 위반사항들을 계속 되풀이해 국제사회의 연이은 지적을 받고 있고, 한국 노동자들의 결사의 자유는 매우 낮은 수준에 머물고 있다. 결사의 자유 협약과 같이 국민의 인권 보장에 중대한 의의를 가지는 것으로 헌법 제60조 제1항 입법사항에 관한 조약일 경우, 국회가 정부로 하여금 조속한 비준을 위한 국회 동의 절차를 밟도록 강제할 권한도 조약체결절차법에 담을 필요가 있다.

05

미국에는 굴종하고
국민에게는 군림하는 정부

외교 문제에 관해 국내에서 민주적 절차를 충실히 밟는다는 것은 국가의 대외적 독립성이 확보되어 있다는 반증이기도 하다. 한국정부가 외교 문제에 관해 국민을 상대로 비민주적 태도를 보여온 것은 대외적 독립성이 제대로 확립되어 있지 못한 것의 반영이다. 특히 대외관계의 비중이 미국에 편중되어 있는 현실에서, 미국에는 굴종, 국민에게는 군림하는 정부의 태도는 여러 차례 큰 반발을 불러왔다.

2008년 미국산 쇠고기 수입 협상의 단면들이 우리 외교의 현실을 적나라하게 보여준다. 반대 여론을 협상의 지렛대로 활용해 국익을 조금이라도 더 취하려 하기는커녕 억누르려고만 하는 저급한 협상 전략, 협정문을 빨리 통과시키지 않으면 국격이 떨어지고 큰 손해를 입는다며 국회를 압박하는 일방성, 반대하는 이들을 구태의연한 쇄국론자 또는 허위 보도에 속은 우매한 군중으로 몰아세우는 편협함. 이것이 한국정부와 외교통상 관료들이 쇠고기 협상뿐 아니라 한미 FTA, 미군기지 이전 협정 등 강대국 미국과의 협상에서 일관되게 보여온 변함없는 습성이다. 2008년 당시 버시바우 주한미국대사는 "한국인들은 공부 좀 해야 한다."며 우리 국민들의 쇠고기 협상 반대를 무지의 탓으로 돌려 폄하했다. 그러나 한국정부는 이런 치욕적인 말에도 항의할 줄을 모른다. 오히려 〈PD수첩〉이 허위 보도로 국민을 오도했다며 명예훼손죄로 고소한 것이 정부와 관료들의 대응이었다. 몇 년 뒤 무죄판결이 나왔지만 아무도 반성하고 책임지지 않는다. 도대체 왜 이럴까. 국민은 대한민국이 어떤 강대국과도 당연히 평등한 관계여야 한다고 생각하는데, 정부와 관료들은 왜, 특히 미국을 상대로는 민주주의 원칙과 인권 보장의 원칙에 근거해 대등한 외교를 시도하는 대신 우리나라의 민주주의 수준을 떨어뜨리고 국민의 인권을 제한하는 것으로 미국의 요구를 들어주는 데 몰두하나. 외교권을 빼앗긴 식민 상태로부터 해방된 지 70년이 지나고 대한민국이 세계 10위권 경제대국으로 성장한 지금까지도, 정부 관료들 내면의 완전한 독립은 여전히 이루어지지 못한 것인가.

국제사회에서 한 나라의 지위는 경제성장의 외형이 아니라 그 나라가 이뤄낸 민주주의의 견고함, 그 나라가 다른 나라들과의 관계에서 실현하려는 가치의 높이로 결정되는 것 아닐까. 호혜 협력과 평등의 원칙, 인권 보장과 연대의 가치에 입각해 우리 외교의 힘을 키우는 날이 오기를 갈구한다.

제주도 /2011

8장

서두르자,
보에 가로막힌
강물이 썩는다

4대강 복원법

"우리는 수많은 사람들이 물과 에너지자원을 개발 또는 이용할 수 있게 하는 최선의 방법이 너무나 적은 사람들에 의해서 결정되는 상황에서 깊게 파인 자해의 상처를 치유하는 위원회다."

– 세계댐위원회 의장 카데르 아스말 (2000. 11. 세계댐위원회 최종보고서 서문)

샌드라 포스텔·브라이언 릭터, 『생명의 강』, 최동진 옮김, 뿌리와이파리, 2009, 264쪽에서 재인용: Kader Asmal, "Globalisation from Below," World Commission on Dams and Development : A New Framework For Decision Making (London:Earthscan, 2000).

이미 벌어지고 다 끝난 일인가

"이미 다 된 공사이니 취소할 수 없다."

당신의 집 주변에서 당신의 주거권을 심각하게 침해하는 대형 관급공사가 벌어진다. 반대하고 항의하지만 관공서는 이미 결정되었다는 이유로 강행한다. 소송을 내지만 시간은 흐르고 공사는 일사천리로 진행된다. 당신의 권리가 침해되었고 공사 결정 절차도 위법하다고 법원으로부터 판단받더라도, 판결의 결론은 정작 이러하다. 이미 돈 들여 지어놓은 것을 허무는 것은 사회적 손실이 커서 허용할 수 없으니, 포기하라는 것. 일명 '사정판결(事情判決)'이다.

이명박 정권이 노린 것이 바로 이 결론이 아니었을까. 대통령 후보 시절 내걸었다가 반대에 부딪혀 포기한다고 했던 한반도 대운하 계획, 태백산맥을 뚫어 한강과 낙동강을 잇고 인천항에서 부산항으로 배를 띄우겠다던 대운하 계획을 태백산맥 관통 구간만 제외하고 살짝 바꾼 것이 4대강 사업계획이었다. 대통령 임기 내에 일사천리로 해치워버리겠다는 듯, 국민의 70%가 중단 또는 수정되어야 한다고 생각한다는 여론조사 결과에도 불구하고 2010년부터 연이어 22조

원의 예산을 강행 처리해 밀어넣고 온 나라의 중장비를 다 동원해 밤을 새워 강바닥을 파내고 보를 세웠다. 국민소송단이 낙동강 사업에 대해 제기한 '하천공사시행계획 취소소송'의 2심 재판부는 2012년 2월에 이르러 예비타당성 조사 없이 진행된 사업이 국가재정법 위반이라고 판단하면서도, "이미 대부분 공정이 90% 이상 완료되어 원상회복은 사실상 불가능한 상태"라며 청구를 기각했다.

그런데 이 '사정판결'조차 유지되지 못했다. 낙동강 공사 중 마지막 공정, 경북 영주댐 담수를 며칠 앞둔 2015년 12월, 대법원이 예산편성의 절차상 하자가 사업을 취소할 정도는 아니라며 2심 판결을 파기하고 청구를 기각한 것이다. 2013년 10월 통합진보당 오병윤 의원, 4대강 복원 범국민대책위원회 등이 이명박 전 대통령을 비롯한 국토해양부 공무원들, 수자원공사 이사들 57명을 '특정경제범죄 등 가중처벌에 관한 법률상 배임, 직권남용죄, 입찰방해방조죄' 등으로 고발한 사건도 2015년 11월 '증거불충분 혐의 없음' 처리됐다. 감사원 감사 결과 4대강 사업이 사실상 대운하 전 단계 사업이고 정부가 4대강 사업에 참여한 건설사들이 담합할 수 있는 빌미를 제공했으며 매장 문화재 조사와 보존 대책 이행이 부실했다는 것이 밝혀졌는데도 불구하고. 박근혜정부는 4대강 사업 입찰담합 행위로 조달청의 '부정당업자' 제재 대상이 된 17개 업체를 2015년 광복절을 맞아 모두 사면했다. 누구도 처벌받지 않는 명백한 잘못, 자연을 파괴한 범죄에 대해서는 어떤 책임도 지울 수 없는 현실, 이미 다 진행되어버린 4대강 사업. 이렇게 끝나는 것일까.

그러나 4대강 사업을 강행하려고 이명박정부가 한 거짓말까지 지워질 수는 없다. 정부는 연간 홍수 피해가 2조 7천억 원이고 복구비가 4조 3천억 원이나 든다며, 4대강 사업을 하면 7년 치 홍수 피해 복구비로 영구히 홍수 피해를 막는 셈이라고 선전했다. 4대강에 큰 물 그릇을 만들면 농업용수를 확보하게 되니 가뭄도 없어질 것이라 했다. 그런데 모두 거짓말이었다. 저수지는 가뭄 피해를 입는 4대강 상류 지역이 아니라 4대강 하류 지역에 설치되었다. 강원도 산간 지역 등 4대강 상류 지역은 2015년, 사상 최악의 가뭄에 시달렸다. 홍수 피해 복구비 통계도 거짓이었다. 정부는 최대 규모의 태풍이 집중된 몇 해의 수치만 평균해 통계를 조작했다. 몇 십 년 평균을 내보니 홍수 피해 복구비는 연간 3천억 원 수준으로, 정부 논법대로 계산해도 70년이 지나도 본전을 뽑을 수 없지만, 이마저도 대부분 4대강 본류와 멀리 떨어진 강원 양양, 정선 등에서 생긴 피해였다. 22조 원이면 끝나는 사업도 아니었다. 유지관리에 1300억 원가량, 수자원공사 빚 이자 지원에 3천억 원가량 등 연간 5051억 원이 들어가는데 이것도 2014년 기준일 뿐, 앞으로 수질 악화와 생태계 파괴로 인한 피해 복구에 얼마나 들지는 추산조차 되지 않았다.

서두르자, 보에 가로막힌 강물이 썩는다

지워질 수 없는 것이 또 있다. 이명박 후보와 대립했던 이른바 '친박' 의원들은 4대강 사업의 문제점을 말하더니 결국 표결에서는 거의 전부가 찬성표를 던졌다. 민주당은 4대강 사업 예산 반대한다고 언론에 소리치고 농성하며 예산안 처리를 막았지만 광주 전남 의원 몇몇은 영산강 공사는 해야 한다고 내심 반겼다. 보의 높이를 11.2~5.3m에서 3m로 낮추고 전체 개수를 16개에서 8개로 줄이자는 것이 민주당 협상안이었다. 정치는 대화와 타협이라는 명분을 내세운 이율배반이다.

보에 막혀 흐르지 못하는 강이 썩어들어가기 시작했다. 보 설치를 기점으로 독성 남조류가 9배나 늘어나 낙동강은 녹조로 뒤덮였다. 강바닥이 파이고 강변은 일직선이 되어 물고기가 머물 곳도 없는데 녹조까지 생기자 어획량도 급감해 정부는 2015년 1월 낙동강 어민들에게 77억 원을 보상해야만 했다. 멸종위기종들이 사라진 자리를 생태교란종이 채우고 큰빗이끼벌레가 금강과 한강에 번성했다. 수돗물 취수원이 이 4대강이다. 굽이치며 생명체를 키우고 식수원이 되어준 강은 사라져가고, 언젠가 대운하로 이어져 배가 띄워질 날을 위해 이명박 대통령이 직접 지시한 대로 "바닥이 깊은 곳은 수심 5~6m, 얕은 곳은 3~4m가 되게 깊이" 파인 직선 수로가 남았다. 이것이 4대강 사업이다.

사법부가 이미 벌어지고 끝난 일이라 판단해도, 자연 파괴는 이제 시작되었을 뿐이다. 국민들도 4대강 사업으로 계속 피해를 보고 그 유지관리를 위해 세금을 내야 한다. 우리가 이 잘못된 결과물을 걷어내지 않으면, 강은 썩고 죽어갈 것이다. 더 이상 방치할 수 없음을 권력자들이 깨달을 때까지. 그리고 마침내 그 오만의 상징을 무너뜨려 강 본래의 모습으로 돌아가려 할 것이다. 그러므로 일은 끝난 것이 아니다. 정권이 강에 저지른 잘못을 바로잡을 과제, 정권이 국민의 의견을 억눌러 무너뜨린 민주주의를 다시 세울 과제가 우리에게 남았을 뿐이다.

유사한 자연 파괴를 경험한 세계 여러 나라들이 이미 많은 복원 경험을 쌓아왔다. 세계물정책프로젝트 의장 샌드라 포스텔은 『생명의 강』(최동진 옮김, 뿌리와이파리, 2009)에서 미국의 복원 사례를 상세히 소개한다. 미국은 20세기 초반부터 관개와 홍수 조절, 수력발전, 상수 공급을 목적으로 댐과 저수지를 건설하고, 배가 드나들 수 있도록 강바닥을 준설하고, 홍수 때 범람한 물을 가둬놓을 수 있도록 제방을 쌓는 하천 관리 방식을 도입하고 세계 각국에 제공했다. 1950년대부터는 지구상에 날마다 대형 댐이 두 개씩 건설되었다. 그러나 정작 미국에서는 1970년대에 20개, 1980년대에 91개, 1990년대에 177개의 댐이 철거되었다. 이런 복원 조치는 강의 자연 상태를 회복하기 위한 구체적인 연구에서 시작된다. 미국하천협회가 선정한 '가장 위기에 처해 있는 하천' 집계에서 2001년과 2002년 최상위를 차지한 미주리 강에 대해 연구자 그룹이 "자연 상태의 수문곡선의 특징을 이루는 홍수의 움직임과 구불구불한 하천의 모양과 관련된 침식과 퇴적 작용이 보장되어야 한다."고 결론 내린 것이 그 예다. 이러한 개별적·구체적 연구에 기초한 댐 철거를 포함한 다양한 방식의 적극적인 하천 복원작업이 미국뿐만 아니라 호주, 영국, 프랑스, 남아프리카공화국 등 세계 여러 곳에서 벌어지고 있다.

보 해체를 포함,
적극적인 회복 계획 서둘러야

민주노동당은 2011년, 이명박 정권의 명이 다하는 날 4대강의 보도 해체될 것이라고 공언했고, **4대강 사업 중단 및 인공구조물 해체와 하천 생태계 복원을 위한 특별법**(4대강 복원법)을 강기갑 의원 대표발의로 처음으로 제출했다. 진보당에서도 2013년 오병윤 의원이 같은 내용으로 발의를 추진했는데, 당시 4대강 사업 감사결과가 나오고 야당이 각각 발의에 나서면서 정작 오병윤 의원안은 내란음모조작사건으로 진보당이 고립된 상태에서 10명의 공동발의자를 채우지 못했고, 홍영표, 장하나, 심상정 의원이 각각 조금씩 다른 제목으로 유사한 내용의 법안을 대표발의했다.

최초 발의된 안, '4대강 복원법'은 4대강을 훼손시킨 보를 비롯한 각종 인공구조물을 해체하고 4대강을 자연 하천으로 복원하는 것을 목적으로 한다. 이명박 정권과 한나라당이 저지른 잘못을 바로잡기 위해 폭넓은 국민이 참여하는 '4대강 복원 검증위원회(복원위원회)'를 구성하고 민주적 운영을 통해 복원 방법을 찾아낸다. 복원위원회의 위원은 국회의 추천을 받아 대통령이 임명하되, 국회에 의석을 가진 정당에 각각 2명을 우선 배정하고 나머지는 교섭단체 간에 균등 배분한다. 거대 양당의 독점을 막고 다양한 의사를 수렴하기 위해서다. 그동안은 국회에서 추천하는 위원들을 선정할 때는 늘 교섭단체에서만 추천권을 가지곤 했다. 그러나 4대강 사업에 큰 책임이 있는 정당이 다수당이라는 이유로 위원회를 주도하거나 4대강 사업을 끝까지 원칙적으로 반대했던 정당이 소수당이라는 이유로 배제되는 일이 벌어져서는 안 되기에 이런 구성방식을 취한 것이다. 이에 비해 홍영표 의원안은 유사한 기능을 맡을 '4대강 사업 검증·재자연화 위원회' 위원을 국회 추천에 따라 대통령이 임명한다고만 하고 있어 소수정당은 배제하고 있다.

4대강 사업으로 피해를 입은 주민은 단체를 구성해 복원위원회에 의견을 제시할 수 있고 회의에 참석할 수도 있다. 복원위원회의 운영은 가장 민주적이어야 한다. 4대강 사업으로 파괴된 것은 자연에 의거해 살아가는 대한민국 국민들의 민주주의이기도 하기 때문이다. 따라서 자연의 상처뿐만 아니라 한국 민주주의의 상처 역시 이 과정에서 치유 대상이 되어야 함은 당연하기까지 하다.

복원작업은 4대강 사업이 강행되면서 이뤄진 자연 파괴 실상을 정확히 확인하고 기록하는 데서부터 시작한다. 4대강 사업의 검증과 복원에 관한 계획을 수립하고, 인공구조물의 해체 여부를 결정하고 하천과 주변 지역의 환경을 복원한다. 또한 4대강 사업에 대한 중앙 행정기관과 지자체 간의 이견을 조정하고 4대강 사업의 검증, 복원 사업 추진을 위한 예산 확보 및 배분 권한을 갖는다. 16개 보 가운데 함안보 등 4개 보는 국제대댐회(International Commission on Large Dams, ICOLD)가 분류하는 '대형 댐'에 속하는 것으로 특히 자연환경에 미치는 영향이 클 수밖에 없고, 보를 철거하는 것이 자연 상태 회복에 유력한 방법이 될 수 있다. 다만 복원작업에서는 보의 철거부터 보의 운용으로 자연수량을 회복하게 하는 것까지를 모두 다각적으로 검토해야 하고, 어떤 대안도 근거 없이 채택하거나 제외하지 말아야 한다.

복원작업은 인공구조물 해체에 머무르지 않고 하천 생태계 복원을 위한 계획을 세우고 실행하는 것을 포함한다. 복원계획을 수립할 때는 지역의 특성과 주민의 요구를 반영한다. 복원계획은 수변구역 보존 방안, 홍수터 관리, 구 하도 및 습지 복원, 강변 저류지 조성 등을 포함하되, 현행 하천법에서 정한 수자원장기종합계획 등과 조화를 이루도록 한다. 또한 4대강 주변 지역의 무분별한 개발을 방지하고 생태환경을 보호하기 위해 주변 지역 양안 $2km$ 이내 지역의 개발을 제한한다.

4대강 복원법은 또한 '오염 원인자 책임의 원칙'을 명시하고 있다. 4 대강의 훼손 또는 오염을 일으킨 자는 이를 복원할 책임을 지고, 4 대강 환경 훼손과 오염 피해 구제에 드는 비용을 부담하는 것을 원칙으로 두었다. 잘못된 국책사업이 벌어져도 그 일을 한 장본인인 공무원들은 제 돈으로 책임지지 않으니, 위법하고 파괴적인 국책사업이 자꾸 되풀이되고 주민 피해와 국고 손실로 이어진다. 유례없는 자연 파괴 행위인 4대강 사업마저도 그대로 넘어가서는 안 된다. 잘못된 국가행정으로 피해를 입은 사람은 국가와 해당 공무원을 상대로 배상책임을 물을 수 있고, 국가는 공무원에게 고의 또는 중과실이 있으면 그 배상금을 부담하게 할 수 있는 것이 원칙이다. 국고 손실에 대해서는 '회계관계직원 등의 책임에 관한 법률'에 따라 위법한 회계관계행위를 한 공무원과 이를 지시한 상급자가 국가에 변상 책임을 지게 되어 있다. 4대강 복원법의 이 규정은 이런 원칙이 4대강 사업에 반드시 관철되어야 한다는 국민의 의지를 확인하는 것이다. 4대강 사업을 강행한 이명박 대통령과 공무원들에 대해 자연 파괴와 민주주의 파괴에 따른 정치적 책임은 물론, 복원에 소요되는 비용에 이르기까지 실질적인 책임을 물어야 한다. 홍영표, 장하나 의원안에는 이 조항이 명시되어 있지 않다.

"전문가들은 4대강 강물의 흐름이 예전에 비해 훨씬 정체됐기 때문에 보를 허물지 않는 한 4대강 수질 문제를 단기간에 해결하는 것은 불가능하다고 보고 있다."《조선일보》 2013년 1월 9일자 기사다. 아무리 그래도 만들어진 시설물을 굳이 해체하기까지 해야 하느냐는 반론도 있을 수 있다. 그러나 이명박정부 임기가 끝나고 감사원의 감사 결과가 나온 뒤에는 《조선일보》조차 보를 해체해야 한다고 할 정도로 4대강 사업의 폐해는 심각하다. 일단 진행된 공사는 위법해도 그대로 둘 수밖에 없다는 '사정판결'이 결국 자연 파괴를 방치하는 것이었음이 명백하지 않은가. 4대강의 복원, 재자연화를 말하면서 인공구조물 해체는 배제한 채로 다른 방법만을 찾는 것은 사정판결을 되풀이하는 것일 뿐이다.

비용 문제를 둘러싼 논란이 부담스럽더라도 마찬가지다. 2011년 4대강 복원법 발의 당시 첨부된 비용추계는 국회 예산정책처의 도움을 받은 것으로, 인공구조물 해체 비용을 3988억 원으로 추산했다. 국토부는 이보다 훨씬 많은 1조 7256억 원이 들 것이라 주장한다. 4대강 사업의 당사자인 국토부가 비용을 부풀리는 것은 당연하다. 그러나 매년 들어가는 유지관리 비용에 생태계 파괴, 식수 오염의 위험까지 모두 감안하면 더 큰 재정 낭비를 막기 위해서라도 보 해체를 포함한 적극적인 회복계획을 하루빨리 수립하고 실행해야 한다. 그러나 4대강 복원법 제정은 아직도 논의되지 못하고 그대로 묻혀 있다. 18대 국회에 이어 또 다시 임기만료로 폐기 처리되고 마는 것일까. 20대 국회에서는 달라질 수 있을까.

03

돈 욕심에 자연을 파괴하는 일은
되풀이되고

전 세계가 환경 문제에서 큰 전환을 피할 수 없는 상황에 와 있다. 자연을 파괴하는 개발의 결과가 뚜렷하게 드러나고 있기 때문이다. 2011년 3월 일어난 후쿠시마 핵발전소 폭발사고는 인간 이성의 한계와 오만함의 폐해를 극단적으로 보여준다. 과거 독일은 원자력을 안정적이고 미래 지향적인 에너지원으로 인식하고 국가 차원에서 강력하게 '핵 발전'을 추진했다. 1959년 독일 사회민주당도 고데스베르크 강령에서 "인류가 원자시대에 생활의 어려움과 염려에서 벗어나고 모든 사람의 복지를 이룰 수 있다는 것은 이 시대의 희망"이라고 칭송하고 사민당 출신 빌리 브란트 총리는 원자력의 평화적 이용을 자기 세대의 과업으로 선언하기까지 했다.* 독일은 그 결과 총 전력의 약 30%를 원자력에 의존했다. 그러나 1960년대 말부터 독일 내에서 격렬한 반핵운동이 벌어졌고 1986년 체르노빌 핵발전소 폭발사고를 계기로 핵발전에서 벗어나기 위한 논의가 활발하게 벌어졌으

---

* 이필렬, 『에너지 대안을 찾아서』, 창작과 비평사, 1999, 186쪽에서 재인용

며 1998년 사회민주당과 녹색당의 연정 수립 뒤 탈핵 구상이 구체화되었다. 일본 후쿠시마 사고를 계기로 메르켈 정부는 2011년 5월 기존의 핵발전소 수명 연장 결정을 철회하고 17개 핵발전소 가운데 8개를 우선 폐쇄하고 오는 2022년까지 모든 핵발전소를 단계적으로 폐쇄하기로 했다. 이와 함께 독일은 재생에너지 발전 비중을 계속 끌어올렸다. 2001년 6.6%였던 재생에너지 발전 비중은 2013년 25%로 급증했다. 우리 역시 핵발전을 중단·폐쇄하는 길로 갈 수밖에 없고 또 갈 수 있다.

현재 전남 영광에 핵발전소 6기가 가동 중이고, 부산 고리, 경북 울진과 영덕에는 18기가 집중 건설되어 가동 중이며 4기가 건설 중, 6기의 신규 건설까지 예정되어 있다. 2017년 고리1호기가 가동 정지된다고 하지만 고리·영덕·울진에 28기의 핵발전소가 모여 있게 되는 셈이다. 이곳은 동아시아 최대의 위험지대가 될 수 있다. 안전성을 자랑하던 후쿠시마 핵발전소 폭발사고로 공기 중의 방사능 분진 유포와 수산물 방사능 농축 등의 피해를 눈앞에서 겪고 있는 우리나라는 한국형 핵발전소는 안전하다며 건설 계획을 계속 추진해 반경 40km 안에 있는 부산·울산·경남 지역 500만 명을 위험에 몰아넣고 있다. 이에 더하여 이명박·박근혜정부는 모두 핵발전소 수출을 위해 대통령이 적극적인 세일즈 외교를 펼치고 있다고 자랑스럽게 내세운다.

서두르자, 보에 가로막힌 강물이 썩는다

핵발전은 인류 전체의 미래를 파괴하는 행위다. 핵발전 폐기물은 인간이 처리할 수 있는 물질이 아니다. 고준위 폐기물 중 '사용 후 핵연료'의 방사능 반감기는 무려 1만 년 이상이다. 그 독성이 절반으로 줄어드는 데만 1만 년이 넘게 걸린다는 말이다. 어디에 어떻게 밀봉해두어야 안전한지 누구도 장담할 수 없고, 앞으로 얼마나 걸려야 폐기물 처리가 종료될지 짐작조차 하기 어렵다. 아시아 2위의 핵발전소 보유국이자 세계 1위의 핵발전소 밀집도를 기록하는 한국이 정작 중·저준위 폐기물 처리장밖에 만들지 못하고 고준위 폐기물은 어디에 어떻게 처리할 수 있는지 누구도 말하지 않는 상태에서 핵발전소만 자꾸 짓는다. 무책임하기 이를 데 없는 행위다.

민주노동당은 2040년까지 '핵발전소 완전 폐기' 정책을 내세웠다. 통합진보당에서도 핵발전 폐기 원칙은 그대로다. 현실적으로는 노후 핵발전소 가동 중단으로부터 시작하지만, 대체에너지 개발과 보급에 힘을 쏟아 더 빠른 시간 내에 핵발전 의존도를 낮춰나가야 한다. 핵발전소를 짓기 위해 삼척, 영덕 등지에서 있었던 주민 회유와 주민투표 방해 행위들이 반복되어서는 안 된다. 주민 의견이 민주적 절차를 거쳐 모아지도록 보장하고 이를 존중해야 한다. 핵발전소에서 만들어내는 전기를 싼 값에 수도권으로 보내기 위해 밀양과 청도에서처럼 주민들의 반대 의견을 짓밟고, 초고압 송전탑을 세우고, 주민들을 암을 비롯한 질병에 노출되게 하는 일은 중단되어야 한다.

진보를 복기하다

대단위 발전소가 아닌 중소 규모로 태양광, 지열 등 자연을 침해하지 않는 발전 장비를 설치하는 지역 단위의 에너지 자립 계획을 세우고 실행해야 한다. 원전 수출이 아니라 양산되는 핵폐기물의 처리 방법을 모색하고 관련 종사 인력의 업무도 이 방향으로 돌려 환경 파괴와 주민 피해를 막는 안전한 처리에 힘을 쏟아야 한다.

기후변화와 탄소배출 감축 문제는 전 세계적 현안이다. 우리도 중국의 황사 현상으로 미세먼지 문제가 더 악화되듯, 한 나라의 환경오염은 다른 나라에도 영향을 미친다. 선진국의 산업발전 과정에서 만들어진 이산화탄소가 지구온난화를 일으키고, 이 때문에 아프리카에서는 사막화가 심해져 식수를 찾아 난민이 되는 사람들이 생겨난다. 물을 비롯해 부족한 자연자원을 먼저 확보하려는 부족들 간 분쟁이 벌어지면 선진국은 무기를 팔아 돈을 벌고 다툼을 격화시킨다. 원인은 선진국들이 제공하고 피해는 식민지배에 시달려 독자적으로 발전할 기회를 빼앗겼던 제3세계 민중들에게 돌아가는 것이다. 태평양 연안과 섬나라들에서는 거주지가 바다로 변한다. 환경오염과 기후변화에 대해 선진국들이 책임을 지고 제3세계 민중들의 피해가 계속되는 것을 막기 위해서, 우리나라도 적극적인 탄소 감축 계획을 세우고 이행해야 한다. 그러나 신재생에너지 비율은 3.52%로 OECD 최하위다. 에너지 소비 감축 노력도 벌어지지 않는다. 온실가스 감축 목표치조차 다른 선진국들에 비해 크게 떨어진다. 국제에너지기

서두르자, 보에 가로막힌 강물이 썩는다

구(IEA)가 각국이 제출한 목표치에 따라 2030년 1인당 화석연료 사용에 따른 이산화탄소 배출량을 분석한 데 따르면, 한국은 1인당 배출량이 9.4톤으로, 러시아(12.0), 미국(10.9)에 이어 세계 3위가 된다. 이 수치는 정부가 2030년 우리나라의 온실가스 감축 목표를 배출량 전망치(BAU) 대비 37%로 확정 제출한 것을 놓고 비교한 내역이다. 정부 계획은 그나마 전체 감축량의 3분의 1가량을 국제 탄소시장을 활용한 국외 감축을 통해 충당하겠다는 것, 곧 다른 나라에서 온실가스 배출권을 사서 국내 감축 목표를 맞추겠다는 말이다. 부끄러운 일이다.

이에 더해 정부는 탄소배출을 감축하기 위해 핵발전소를 지어야 한다고 포장하고 대통령이 직접 핵발전소 건설과 수출에 나서고 있다. 현실의 피해를 막겠다는 명분으로 미래의 감당할 수 없는 피해를 만들어내는 이율배반을 더 이상 방치해서는 안 된다. 핵발전을 중단하고 더 적극적인 에너지 전환과 자립을 추진해야 한다.

돈 욕심으로 자연을 파괴하는 일이 얼마나 많이 벌어졌던가. 주민의 동의를 요구하는 법적 절차를 편법으로 강행하는 일이 그때마다 재연되지 않았나. 서해 갯벌에 의지해 살아온 어민들의 삶을 파괴한 새만금 방조제는 아직도 공사 중, 간척으로 조성되는 땅의 용도조차 정해지지 않은 황량한 간척지 위에 홍보관만 세워져 있다. 주민들의 반대를 무릅쓰고 벌인 일, 관급공사 막전막후에서 흔히 벌어지는 '이익 나누기' 외에 지금 무슨 효용이 있는 것일까. 아나나 다를까, 2009년 한국농어촌공사가 발주한 새만금 방수제 건설공사에서 12개 건설사가 담합해 공정위로부터 260억 원의 과징금을 부과받았다. 이것조차 빙산의 일각일지 모르니 안타까울 뿐이다.

주민들의 반대에도 불구하고 토지를 강제수용해 산을 깎아 골프장을 만드는 일은 지금도 진행 중이다. 2011년 6월, 골프장 만든다고 토지를 강제수용당한 사람들이 제기한 '국토의 계획 및 이용에 관한 법률 제2조 제6호 위헌청구소송'에서, 이 조항이 체육시설이라면 공익성과 무관하게 모두 수용을 허용한다는 이유로 '헌법불합치' 결정이 났다. 그렇다면 피해자들이 토지를 돌려받을 수 있게 되어야 옳을 테지만, 정부는 2011년 12월 1일 기준으로 이미 도시계획시설 결정을 위한 입안 제안을 했거나 시장, 군수가 입안 결정 신청을 한 경우에는 종전 규정을 따르도록 도시계획시설규칙을 개정했다. 사실상 신규 골프장의 토지 강제수용만 금지했을 뿐 추진 중인 골프장은 강제수용을 그대로 허용한 것이다. 주민들은 여전히 땅을 되찾지 못한다.

스키장을 만들며 케이블카를 설치하는 일, 수백 년 살아온 나무들을 죽이고 관광객 늘려 돈 좀 더 벌어보자는 얄팍한 생각이다. 제주

강정 해군기지는 어떤가. 군사기지를 만들겠다고 환경을 파괴하는 일만큼 폭력적인 것이 어디 있을까. 미군까지 사용하는 군사기지, 중국을 겨냥해 만들어지는 군사기지라는데, 반발이 커지고 애당초 선착장을 만들 수 없을 만큼 물살이 센 곳이라는 주민들의 반론이 제기되자 해군은 민간 크루즈 선착장을 함께 만들겠다는 안을 대안이라고 내놓고는 반대하는 주민들을 투옥하고 벌금형에 처해 억누르며 사업을 강행해왔다. 그러나 파도는 주민들의 말대로 공사장을 부수고 또 부순다. 주민들의 말이 틀리지 않았음을 시간이 보여주고 있다. 자연 파괴의 모든 현장에, 그 자연에 깃들어 살아온 주민들의 의견을 무시하는 권력과 자본의 독선이 있다. 법이 요구하는 주민 동의를 돈과 권력과 술수로 얻어내려는 음험한 기도가 있고, 어렵게 모아진 주민 의견조차 무시하고 내달리는 독주가 있다. 사법부는 자연을 지키는 데 무관심하고 주민들의 뜻을 지키는 데 무력했으며 민주주의를 지키기를 거부했다.

04

자연과 공존하기 위해 필요한 것,
민주주의의 성숙

자연 파괴는 자연에 대한 공격이며 동시에 그 자연에 의지하고 적응하며 그 자연을 터전으로 살아온 그 지역 주민들에 대한 공격이기도 하다. 자연 파괴는 결국 모두의 피해로 돌아오는 것이지만, 정부나 공공기관이 단기적 관점으로 개발이나 경제활성화 등 전체의 이익을 위한다는 명분으로 포장해 소수자에게 특별한 침해를 가하는 일을 어떻게 볼 것인가 하는 문제이기도 하다.

소수파의 권리가 관계된 경우 공동체의 결정은 가급적 만장일치로 해야 한다는 간디의 원칙은 매우 귀중하다. UN은 '국제 강제 철거 지침'에서 "국가는 강제 철거 이외의 가능한 모든 대안을 충분히 검토해야 한다. 의사 결정에 따라 잠재적으로 영향을 받을 모든 사람들—특히 여성, 원주민, 장애인 등을 포함해서—이 전 과정을 통해 적절한 정보와 온전한 협의 및 참여의 권리를 누려야 한다. 이들은 대안을 제시할 권리가 있으며 공권력은 그러한 제안을 진지하게 고려해야 한다."고 선언한다. 인권법학자 샌드라 프레드먼은 이 지침을 정보 제공, 처음부터 끝까지 전 과정에서 의사 결정 과정을 작동시키는 것, 결정을 내릴 권한이 있는 사람들과 결정의 영향을 받을 사람들을 소외 계층까지 포함하여 모두 참여시키는 것, 심의 과정의 개방과 같은 요소들을 포함한 것으로 평가한다.* 자연과 공존하며 살아온 해당 지역 주민들의 터전을 무너뜨리고 삶을 바꿔버리는 공공사업에도 이런 원칙이 적용되어야 하지 않을까.

정부도 언론도 흔히 자연 파괴 사업에 대한 주민들의 반대를 '님비 현상'으로 규정짓고 평가절하한다. 법원도 공익이라 불리는 '경제발전, 개발'과 같이 추상화된 다수의 이해관계를 해당 공공사업으로 인해 직접 영향받는 주민들의 구체적인 의견보다 더 객관적이고 존중받을 만한 것으로 받아들인다. 그러나 그 자연에 뿌리내린 삶의 당사자들은 멀리 떨어져 사업의 수익만을 누리는 사람들보다 그 사업이 가져올 다각도의 영향에 대해 한층 깊은 이해와 고려를 가지고 있을 수 있다. 이것은 자연과 공동체를 파괴하는 최악의 결과를 막기 위한 대안을 내놓을 능력으로 이어지기도 한다. 설령 당사자들이 직접 대안을 내놓지 못하더라도 비난받을 일이 아니다. 대안을 찾아내는 것은 사회 전체가 부담할 책임이기 때문이다. 소수자의 권

---

* 샌드라 프레드먼, 『인권의 대전환』, 조효제 옮김, 교양인, 2009, 454~455쪽: International Eviction Guideline (UN 국제 강제 철거 지침), 20, paras 38–40.

리, 그의 의견을 존중하는 것은 공동체 전체로 하여금 이전과는 달리 공존의 방향에서 한 걸음 진전된 결론을 내리게 하는 방법이 될 수 있다. 이것이 다수결이라는 좁은 틀에 민주주의를 가두지 않는 방법이기도 하다.

남아프리카공화국 만델라 대통령이 인종격리정책 폐지 후에 첫 내각의 물 관할 관청의 장에 토목공학자가 아닌 인권변호사 카데르 아스말을 임명한 것은 윤리, 정의, 평등과 같은 가치들이 물 관리와 같은 자연과 인간 사이의 문제에서도 중요하게 고려되어야 한다는 점에서 의미 있는 시도로 평가받았다. 자연과 공존하는 것은 바로 사람의 문제이고 민주주의의 문제이기 때문이다. 자연과 함께 사는 사람들의 민주주의를 성숙시키는 것이 바로 자연과 공존하는 길이다.

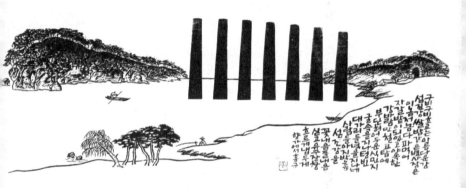

섬구
잠이 늘구병비
강갈 밤밥적강비쌀을
부강단 험은만이봄을
대굴러올어두 청렸다
삭감솔을들삽 표고파받는
섬럼을안녁납윤 탑올먹배다
선유를강진울텅석에한어강강
흘꽃섬질을발잔빈지 산윤
려개유장냄을 하 잔은
향에넝창음흥녜
루게두 지
구

순창 향가에서 /2009

9장

안보와 인권,
안보와 민주주의가
공존하는 길

대체복무법

오늘날 양심적 병역거부자들이 겪고 있는 가혹한 박해가 과거 수 세기에 걸쳐 종교적 순교자들에게 가해졌던 박해보다 덜 수치스러운 일인가? 켈로그조약이 그러는 것처럼 전쟁을 규탄하면서도 각국의 전쟁 수행기구에 개개인을 그대로 내맡겨 둘 수 있는 것인가?

군축회의에 즈음해 우리의 관심을 기술적인 문제에만 국한할 것이 아니라 교육적 관점에서 심리적 문제까지 해결하고자 한다면 국제적 수준에서 개인이 병역을 거부할 수 있는 합법적 수단을 강구하기 위한 노력을 기울일 필요가 있다.

– 알베르트 아인슈타인

「아인슈타인의 나의 세계관」, 홍수원·구자현 옮김, 중심, 2003.

양심에 따른 병역거부자들

2002년, 나는 불교신자로서 집총훈련을 받을 수 없어 병역을 거부한 한 젊은이를 변호했다. 당시까지 우리나라에서 집총 거부로 처벌받는 사람들은 '여호와의 증인' 신자들뿐이었다. 여호와의 증인 신자가 아닌 사람으로서 병역을 거부한 것은 그가 처음이었다. 그가 몇 차례 입영을 미루며 고민한 흔적은 병역을 기피하려는 의도가 있었다는 증거로 지목되었다. 불살생(不殺生)의 계율을 지키려 한 그의 고심은, 호국불교의 전통을 거부하고 남북대치의 안보 위협을 초래하는 철없는 독자적 견해로 치부되었다. 겉으로 보기에 변호의 성과는 그리 크지 않았다. 병역거부자들은 모두 구속 상태에서 재판받아온 관행을 깨고 두 번이나 되풀이된 검사의 구속영장 청구에도 불구하고 불구속재판을 받은 것, '정찰제 형량'이라고 불려온 법정최고형인 3년 징역형이 아니라 군 복무를 면제받을 수 있는 최소 형량인 1년 6월의 징역형을 받은 것 정도였다.

그러나 그를 변호하면서 나는 큰 충격을 받았다. 그는 내가 보아온 젊은이 가운데 가장 진지하고 온화한 사람이었다. 병역거부 선언을 준비하고 수사와 재판이 계속되는 과정에서 전해져온 그의 내면의 울림은 잔잔한 물 위에 퍼져나가는 동심원 같은 것이어서, 나는 그의 종교적 신념이나 교리 해석과는 상관없이, 평화주의자로 살아간다는 것을 자꾸 떠올려보게 되었다.

그 젊은이 자신은 무거운 사회적 비난과 결코 짧지 않은 징역형을 감수해야 했지만, 그가 두드렸으나 열지 못한 그 문을 다시 두드리는 더 많은 젊은이들이 생겨났다. 그리고 오래지 않아 변화의 가능성이 눈앞에 보이기 시작했다. UN 자유권규약위원회 개인통보(Individual Communication) 결과 양심에 따른 병역거부자들을 형사처벌하지 말고 대체복무를 허용하라는 권고가 이어졌다. 남북대치라는 특수 상황과 국가안보를 이유로 보편적 인권을 침해해서는 안 된다는 것이다. 2004년, 여호와의 증인 신자인 두 젊은이에 대해 유죄판결을 내린 대법원도 재판에 참여한 12명의 대법관 중 6명이 대체복무제를 도입할 필요성이 있다고 판시했다. 17대 국회에서 임종인, 노회찬 의원이 각각 대체복무법안을 발의했고, 노무현정부는 2007년, 국방부에 대체복무제도연구위원회를 만들어 1년여 도입 방안을 연구한 결과 2009년부터 대체복무제도를 도입하겠다고 공표했다. 나도 그 위원으로 참여했다. 병역거부 문제가 사회 현안으로 떠오른 2001년부터 셈하면 6년 만에 비교적 빨리 분명한 성과가 나온다는 생각에 성취감도 컸다.

그런데 이명박정부에 들어서자마자 이 약속이 완전히 뒤집어졌다. 이명박정부는 2008년 8월 대체복무제도를 도입하지 않겠다고 선언했다. 입법 목전까지 갔던 대체복무법안이 정권을 빼앗긴 것과 함께 무산되어버린 것이다. 국방부가 대체복무제 도입과 함께 시행하겠다고 했던 사병 감축과 복무기간 단축, 군의 전문화, 군 작전권 환수 등 전반적 군 개혁방안도 함께 사라졌다. 정권이 바뀌어도 민주정부 10년 동안 이뤘던 인권의 진전은 쉽게 후퇴하지 않을 것이라고 믿었던 지극히 순진한 예상들은 하루아침에 깨져나갔다. 촛불 하나, 종이 한 장 들고 벌인 시위일 뿐인데 아기가 탄 유모차에 소화기가 분사되는 마당에 사상과 양심의 자유가 설 곳이 어디 있겠나. 더구나 2010년 지방선거를 앞두고 일어난 천안함 사건과 이어진 5.24 조치로 남북관계는 최악으로 치달았다. 대체복무제도 입법이 가능하리라 기대하기 어려운 상황이 계속되었다. 그러나 국회의원 임기를 마치기 전 이것만큼은 해야겠다고 마음먹고 '대체복무법안'을 발의했다. 비록 뒤집어진 결정이지만, 대체복무제도 도입 결정 과정에 관여한 사람으로서 아무리 상황이 어렵더라도 법안 발의라도 해놓아야 조금이라도 덜 부끄러울 것 같았다. 결국 어떠한 논의도 진행되지 않은 채 이 법안은 국회의원 임기만료로 폐기되었고, 19대 국회에서도 아무런 진전이 없다.

2015년 11월 UN 자유권규약위원회는 대한민국 정부에 대한 제4차

안보와 인권, 안보와 민주주의가 공존하는 길

국가심의 본심의 최종견해를 채택했다. 이전 9년간의 시민적 및 정치적 권리에 대한 실태를 점검한 결과다. UN 자유권규약위원회는 양심에 따른 병역거부자들을 처벌하지 말고 수감자들을 즉각 석방할 것과 대체복무 허용을 다시 권고했다. 병역거부로 수감된 자들을 즉각 석방할 것을 권고한 것은 전례 없는 일이다. 거듭된 권고를 받고도 한국정부가 어떤 진전된 조치도 취하지 않는 데 대한 경고가 아닐까.

02

분단에 짓밟힌 평화의 신념

대체복무제도를 신설하는 **병역법 개정안**은 자신의 종교적 신념이나 양심의 확신에 따라 병역을 수행할 수 없는 사람들을 형사처벌하는 대신 이들에게 대체복무를 하도록 하는 것이다. 대체복무위원회를 두어 병역거부의 동기를 각 사람마다 심사하고 그 결과 병역을 수행할 수 없다고 판단된 사람들을 대체복무요원으로 편성하는데, 대체복무 기간은 육군 현역병 복무 기간보다 1.5배 길게 정했다. 제도 도입 과정에서 행여 단순한 병역기피 의도로 대체복무를 신청하는 사람들이 급격히 늘지 않겠느냐는 우려를 없애려는 조치다. 새로 도입되는 것이기 때문에 병무청으로 하여금 징병검사 전에 대체복무제도에 관해서 알려주게 하는 의무도 법으로 정했다.

대체복무 업무는 아동·노인·장애인·여성 등의 보호·치료·요양·훈련·자활·상담 등 사회복지 관련 업무, 소방·의료·재난 구호 등의 공익 관련 업무로 정했다. 집총을 수반하는 업무인 경비교도대나 전투경찰대 등에는 배치되지 않게 했다. 대체복무요원을 교육·훈련시키고 보수와 직무수행 및 생활에 필요한 비용을 지급하는 것은 대체복무기관에서 맡는다.

대체복무제도에 대한 가장 큰 반론은, 남북이 대치 중이기 때문에 국가안보를 해하는 것은 용납할 수 없다는 것이다. 한국 사회에서 국가안보는 불변의 최우선 가치로 존재해왔다. 전쟁의 상처와 오랜 남북대치로 공고해진 적대의식이 그 기반이다. 전쟁과 분단은 그 무엇에도 비교할 수 없을 만큼 고통스러운 것이니. 그러나 전쟁이 한반도에서만 있었던 것이 아니고 분단과 대립이 한민족에게만 있었던 것도 아니다. 전쟁과 대립을 겪은 다른 나라들에서는 안보와 인권의 갈등상황을 과연 어떻게 풀어온 것일까.

서구 사회가 병역거부자들에게 대체복무를 허용한 것은 이미 수백여 년 전부터다. 기독교 평화주의를 신념으로 병역을 거부하는 메노나이트 교파와 퀘이커 교도 등에 대해 17세기 네덜란드에서도, 18세기 미국 독립전쟁에서도 병역이 면제되는 등, 아무리 국가안보와 국익이 중요하더라도 개인에게 그의 종교에 어긋나는 행위까지 강제할 수는 없다는 결론이 내려지기 시작한 것이다. 더구나 병역거부가 인정되고 확대된 것은 모두 전쟁을 통해서였다. 평화롭게 교류하던 상대를 살상하는 전쟁에 동참하지 않으면 '내부의 적'으로 처단당하는 때, 개인의 종교적 신념과 병역의 의무라는 갈등상황이 더욱 심각하고 넓게 나타나기 때문이다. 어떤 사람의 생각이 나와 다르거나 국가의 명령에 위반된 것이라도, 그가 이해타산이나 일시적인 충동이 아니라 진지하게 깊이 숙고한 결과 자기 자신으로 살아남으려면 도저히 총을 들 수 없겠다는 결정으로 병역을 거부한 것이라면, 그 생각이 그의 존재 자체를 유지시키는 데 정말 중요한 것으로 보이고 만일 그 생각을 바꾸라고 강제하면 '그'라는 한 인간의 우주가 파괴될 지경으로 보이니, 그 숙고를 존중하기 위해 국가 공권력이 한발 뒤로 물러나야 한다는 의미로 'conscientious objection'이라는 개념이 인정되었다. 이분법을 벗어나 다원성을 보장한 것이다. 1960년대 베트남전을 겪으면서 그 인정 범위는 종교적 동기에 기초한 것으로부터 사상과 신념에 따른 병역거부까지 넓어졌다.

대한민국 헌법 제37조 제2항은 국가안전보장을 모든 기본권을 제한할 수 있는 사유로 정해두고 있지만, '인권 및 기본적 자유의 보호에 관한 유럽협약(Convention for the Protection of Human Rights and Fundamental Freedoms)'은 종교 또는 신념을 표명하는 자유를 제한할 수 있는 사유에 국가안보를 포함하고 있지 않다. 공공질서, 다른 사람의 권리 및 자유의 보호 등을 제한 사유로 하고 있을 뿐이다(제9조). 국가안보를 사유로 집회 및 결사의 자유를 제한할 수 있게 한 것(제11조)과 대비된다. 서구가 근대 국가 형성 이후 안보와 인권 사이의 갈등관계를 해결해온 오랜 경험 속에서, 적어도 개인의 종교 또는 신념을 표명하는 것에 관한 한 국가안보의 필요가 있다 할지라도 인권을 제한하거나 침해하는 수단에 의존해서는 안 된다는 합의에 이를 정도로 인권 보장에 무게를 두는 쪽으로 변화해간 것이다. 실제로 이미 세계 상위급의 경제력과 군사력을 보유한 상황이라면 안보를 위해 총 든 병사를 한 명 더 늘리는 것보다, 국민들 사이에 '국가의 존재 의의에 대한 확신과 공동체에 대한 감사, 개인의 행복을 풍성하게 채우는 것'이 국가공동체를 유지시키는 데 더 유익할 것이고, 최근의 안보 개념은 여기까지를 포함하는 것으로 바뀌어가고 있다.

그러나 한국에서는 헌법재판소마저 안보에 인권보다 선차적 가치를 부여하여 인권을 억누르는 단선적 논리에 머물러 있다. 국가가 있어야 개인의 인권도 있다는 것이다. 나라를 찾기 위해 생명까지 바친 분들의 희생을 지금의 우리가 기억하고 기리는 이유다. 하지만 대한민국이 이미 세계 10위권 경제대국으로 성장해 국가의 부재를 우려할 합리적 이유가 없고, 주권국가로서 인권을 증진시킬 능력이 충분할 뿐만 아니라, 국제사회에서 비중에 비추어 책임도 가볍지 않은 현재 상황에서까지 인권 개선 조치를 미루는 데 이 논리를 활용하는 것이 과연 적절할까. 안보와 인권이 조화롭게 공존할 해법을 찾는 진지한 노력을 기울여야 할 때는 이미 와 있는 것 아닐까. 적어도 종교적 확신과 평화주의 신념에 관한 문제를 대할 때만이라도 좀 더 인권에 무게를 두어야 하지 않을까.

하지만 매우 안타깝게도, 2000년대 초반 한국 사회에서 최초로 병역거부와 대체복무 문제가 사회 쟁점이 되었을 때부터, 이 논의는 '병역거부가 양심에 따른 것이라면 병역을 이행하는 것은 비양심이라는 것이냐'는 반론에 먼저 부딪혔다. 'conscientious'라는 단어의 사전적 번역은 '양심적'이라는 말이다. 그런데 우리는 흔히 이 단어를 한 개인이 그 판단 과정에서 쏟은 진지함의 정도나 그에게 있어 그 판단이 얼마나 중요한가를 반영하는 것이 아니라, 객관적으로 옳고 좋은 것이라는 가치판단의 결과를 더 많이 담은 의미로 사용한다. 대체복무제를 도입하자는 주장은 병역 이행을 폄하하는 것과는 거리가 멀다. 오히려 병역 이행의 필요성과 가치를 온전히 인정하는 동시에, 다만 종교나 신념 때문에 도저히 무력을 쓸 수 없다는 내적 한계를 토로하는 사람들에게 그들이 할 수 없는 것을 강제하지는 말자는 다원성의 주장일 뿐이다. 여기에는 어느 것이 옳고, 다른 것은 그르다는 가치판단이 전혀 담겨 있지 않다. 그런데 사전적 번역으로 이 의미가 드러나지 못하고 말았다. 이 때문에 '병역거부는 옳고 병역 이행은 잘못된 것이냐'는 완전히 오도된 이분법 논쟁이 벌어지기도 했다. 대체복무제를 도입하자는 주장은 자신의 진지한 숙고의 결과 도저히 병역을 이행할 수 없다고 말하는 사람들도 함께 살아갈 수 있는 사회의 공간을 만들자는 것으로, 이분법을 이미 벗어난 차원의 논의다. 사람은 저마다 조금씩 다를 수밖에 없다. 다수에게는 상식인 것이 어떤 사람에게는 자기 자신을 부정하라는 강제일 수도 있다. 이슬람 신자들이 특정 음식을 절대로 먹을 수 없는 것으로 여기는데 이것을 먹으라고 강제할 수는 없는 일임을 사람들은 대부분 이해하고 받아들인다. 대체복무 도입 주장도 이와 같은 수준의 것일 뿐이다.

대체복무제도 실시를 주장한다고 해서 국가안보로 대표되어온 '공동체에 대한 헌신의 가치와 국가에 대한 충성심'을 부정하는 것이 아니다. 안보와 인권의 조화로운 공존을 추구할 뿐이다. 한국 사회는 국민의 의무를 권리보다 앞서는 것으로 다루어왔지만, 그 중요도에 따라 배열된 대한민국 헌법 체계에도 '국민으로서 의무'는 '국민의 권리'보다 뒤에 온다. 흔히 헌법상 '국방의 의무'는 병역법에 따라 부과되는 '병역 의무'와 동의어로 받아들여지고, 병역 이행을 거부하면 국민의 의무를 거역한 사람으로 '비(非)국민'이라는 비난이 가해지고 그 결과 병역 의무가 인권보다 앞세워져 병역거부자들에 대한 형사처벌이 계속되지만, 총을 들고 군 복무에 임하는 '병역 의무가 헌법상 국방의 의무의 전부도 아님'은 이미 헌법재판소 결정으로도 확인된 바다. 오늘날 국방의 의무를 이행하는 방법은 병사로서 직접 총을 드는 것 외에 또 다른 것이 될 수도 있다. 대체복무제 도입 논의는 다양한 방식으로 국방의 의무를 이행할 수 있게 하여 국민 각자의 처지에서 국가공동체에 기여하고 국가안보에 협력하게 하자는 것이다. 더구나 안보의 개념 자체도 이제 적에게 직접 총을 겨누는 물리적 대치를 넘어 국민 각자의 행복을 보장함으로써 공동체의 단결을 도모하는 '인간안보' 차원으로까지 넓어졌다. 그런데 한국은 아직도 이런 변화에 눈 감은 채 전쟁에서 총 한 자루를 쥘 병사를 확보하는 것에만 몰두해야 하나. 전쟁조차 이미 고도의 정보전이 된 지 오래, 아직도 병사의 숫자로 국가안보가 보장된다고 할 수 있나.

대체복무제도는 전쟁의 현실과 평화의 이상에 대한 인류의 오랜 고뇌의 결실이기도 하다. 안보제일론의 대표적인 경구가 바로 '평화를 원하면 전쟁을 준비하라'는 것 아니던가. 드러내놓고 전쟁을 미화하고 추구하는 나라와 정치인이 얼마나 되던가. 전쟁이 끊이지 않았던 인류 역사의 전 과정에서도 전쟁은 평화를 추구하는 수단으로 포장되고 평화를 유지하는 수단으로 합리화될 수 있는 선에서만 가치를 인정받아왔을 뿐이다. 평화는 감히 부정할 수 없었던 인류의 이상이다. 평화주의 원칙은 제2차 세계대전을 겪고 난 현대 국가들의 헌법의 기본 원칙이며, 국제평화주의 원칙은 UN헌장에서도 채택되고 있다.

그러나 현실은 그 고뇌를 더욱 깊게 하는 것이어서, 전쟁을 추구하면 할수록 평화가 아니라 전쟁이 가까워진다. '전쟁억지력'이라는 이름을 단 군비 확충은 상대방의 군비 증강을 불러오고 긴장은 더욱 높아진다. 많은 경우 이것은 전쟁을 불러올 뿐 평화를 촉진하지 못한다. 그러나 전쟁이라는 현실은 평화의 이상으로 가는 방향을 확고히 한 위에서 점진적인 변화의 과정으로 존재해야 할 뿐, 평화로 가는 방향 자체를 방해하는 것이어서는 안 된다. 세상을 바꾸려는 사람들이 현실을 쉽게 무시해서도, 거부하기만 해서도 안 된다는 것은 분명하다. 하지만 나는 현실에 적응한다는 이유로 미래를 무너뜨리는 것을 경계한다. 미래가 한순간에 오는 것이 아니니, 현실에서도 꾸준히 미래를 예비하지 않으면 안 된다. 평화를 이상으로만 남겨두어서는 안 된다. 미래상을 현실에 구현하려는 시도는 그래서 귀중하다. 비록 그것이 현실과 불화한다 할지라도. 현실에서 전쟁은 끊이지 않지만 자신만이라도 한발 물러나 전쟁이 없는 미래를 갈구하며 무기를 내려놓고 살겠다는 사람들이 있다. 이들의 삶이 현실의 대립과 충돌을 당장 해결할 수 없는 것은 물론이다. 아무리 피하려 해도 이들 자신조차 전쟁의 희생자가 될 수도 있는 것이 냉정한 현실이기에. 그러나 이들의 평화주의 신념만큼은 인류가 간직해온 평화의 이상과 공통점이 있다고 인정해주는 것, 이것이 대체복무제도다. 전쟁에 휩싸인 세계 속에서도 평화주의 신념이 살아남아 현실이 될 수 있다는 희망이 지켜질 때 사회는 발전한다. 평화주의자로 산다는 것은, 평화의 미래를 현실로 앞당겨오려는 행동을 중단하지 않는 것이다. 그 자신이 미래와 현실의 불화로 고난에 처하더라도, 평화주의 신념에 기초한 행동을 이어가는 것이다.

분단된 한반도에서 평화주의자로 산다는 것은 무엇일까. 한 나라 안에서 벌어지는 갈등에는 민주주의 국가로 발전하는 과정에서 정착된 강제력 있는 분쟁 해결 절차가 있어 보복이 확대 증폭되는 것을 막는다. 분노를 가라앉히는 사회적 장치도 존재한다. 그러나 남북관계에는 이것이 전혀 없다. 분노를 가라앉히고 평화 의지를 키워 분노 조절 장치도 분쟁 해결 절차도 새로 만들어나가지 않으면, 증오와 보복의 확대 반복을 피할 수 없다. 분노에 편승하지 말라. 누군가는 분노를 가라앉히자고 호소해야 한다. 분노가 아닌 평화만이 우리 모두를 살릴 수 있다고 해야 한다. 설사 그로 인해 비웃음을 사고 내부의 이탈자로 몰려 돌을 맞더라도 누군가 해야만 하는 일이라면 그것이 평화주의자의 몫이고 또한 진보정치의 몫이기도 하다고 나는 믿는다.

그 분노가 다수의 통제 아래 놓이게 되는 것은 그 분노가 왜곡된 인식에서 비롯되고 무분별하게 증폭되는 것임을 많은 이들이 느끼게 되어야 뒤늦게 가능한 것처럼 보인다. 그때까지 평화주의자가 할 수 있는 일은 견디어 살아남는 것, 그 분노조차 껴안으려는 노력을 포기하지 않는 것뿐. 그리하여 다수가 분노의 소용돌이에서 한 걸음 벗어나야 비로소 평화 실현이 시작될 수 있으므로. 그때에도 어쩌면 성과란 그다음 고비를 좀 더 쉽게 넘도록 돌 하나 쌓는 것에 불과할지 모른다. 수십여 년 역사의 상흔을 단번에 청소하듯 없애는 것은 불가능할 뿐만 아니라 제대로 치유하는 방법도 아니기에. 진보정치가 약속할 수 있는 것은, 평화를 키우는 긴 과정을 인내심을 가지고 헤쳐나갈 끈기 아닐까.

남과 북 양쪽이 모두 전쟁의 악몽과 분단의 올가미, 대결의 긴장에 사로잡혀 평화로 가지 못하면 둘 다 영영 그 안에 머물 뿐 아닌가. 누군가는 먼저 분단의 올가미에서 빠져나와 새로운 세상을 만들어야 하지 않나. 대립이 아니라 평화로 먼저 발을 옮기는 사람이 승자다. 이 땅에 살고 있는 나는, 남북 평화의 경쟁에서 남측이 승자가 되기를 원한다. 한반도에서는 통일을 지향하는 평화만이 제대로 된 완전한 평화다. 분단의 고통을 겪고 있는 한반도에서 남북이 서로 남남으로 분리되어 살아가는 평화란 존재할 수 없다. 하나의 원형질을 가지고 있다가, 외세의 개입으로 남북 민중들의 의사와 무관하게 분단되고 선택을 강요당하는 과정에서 벌어진 비극적인 사건들과 적대적인 감정들이 치유되고 해소되며 온전히 하나가 되는 경험을 갖지 않고서는 진정한 평화란 불가능하다. 그래서 한반도에서 평화란 통일이다. 마음으로 분단을 넘은 사람은 현실에서는 갇힌 자가 되는 것이 한국의 현실이었다. 그래도, 성큼, 한 발. 제 마음속의 철조망부터 넘는 것이 진정한 평화주의자로 한반도에서 살아가는 방식이다.

하지만 세계 유일의 분단 국가라는 현실은 이상을 꿈꾸는 것조차 막는다. 종교 때문에, 평화주의 신념 때문에 병역을 거부했다고 하여 감옥에 갇히는 사람의 열에 아홉은 대한민국 젊은이다. 2013년 7월 UN 인권이사회가 조사한 데 따르면 세계 각국에 투옥돼 있는 양심에 따른 병역거부자는 723명인데 이 중 669명(92.5%)이 한국인이었다. 나머지는 아르메니아(31명), 에리트레아(15명), 투르크메니스탄(8명) 사람이었다. 한국에서 평화의 신념은 분단에 짓밟혀버렸다. 그러나 분단을 끝낼 것은 결국 평화뿐이기에, 마음속에서부터 분단을 뛰어넘는 평화주의의 신념은 소중하다. 한반도에서 평화주의자로 산다는 것은 고통스럽지만 의미 있는 일이다.

안보와 인권, 안보와 민주주의가 공존하는 길

03

군인 인권과 군 현대화의
국방개혁 과제

"임 병장 안 되려면 윤 일병 되는 것."

2014년 6월 '임 병장 총기난사 사건'*의 충격도 가시기 전, 7월에는 '윤 일병 구타사망 사건'**이 이어졌다. 우리 군대 안에서 젊은이들이 생명을 빼앗기고 있다. 노무현정부 시절인 2005년 1월 '육군훈련소 인분 사건'†, 6월 '연천 GP 초소 총기난사 사건'‡이 벌어져 국방부가 범정부 차원의 병영문화개선대책위를 만들고 '선진 병영문화 비전'을 발표해 사병들의 인권 보장을 위한 군 인권법 제정, 군 옴부즈맨 제도, 군 사법 체계 개혁, 대체복무제 등을 논의했던 때로부터 10여 년이 지난 지금, 군 인권 현실에는 별다른 진전이 없다.

---

* 강원도 고성 GOP에서 임 모 병장이 집단따돌림을 당했다는 이유로 총기를 난사해 군인 5명 사망, 5명 부상.
** 의무병으로 배치받은 윤 모 일병이 한 달간 매일 폭행, 욕설, 인격모독, 구타, 가혹행위를 당해 사망.
† 논산훈련소 이 모 대위가 훈련병 192명에게 인분을 입에 넣으라고 강요.
‡ 선임병들로부터 폭행과 괴롭힘을 당한 김 모 일병이 수류탄을 던지고 K-1 기관단총 42발을 난사해 8명 사망.

진보를 복기하다

2015년 12월에야 '군인의 지위 및 복무에 관한 기본법'이 제정되었지만, 당초 제안된 것처럼 독립성 확보를 위해 군 외부에, 실효성 확보를 위해 국회 산하에 설치되는 군 옴부즈맨제도는 도입되지 못했다. 오히려 이 법은 군무와 관련된 고충을 집단으로 진정하거나 서명하는 것을 금지되는 집단행위로 명시했다. 군인 복무규율에 있던 것을 이 법에 끌어올린 '불온표현물 소지·전파 금지' 조항이 어떤 책들을 겨냥한 것인지는 이미 잘 알려져 있다. 권정생 『우리들의 하느님』, 장하준 『나쁜 사마리아인들』, 현기영 『지상에 숟가락 하나』 등. 이 법으로 금지되는 정치운동에는 '야당을 종북으로 모는' 기무사 교육은 제외되리라는 것도 능히 예견할 수 있다.

군인은 '제복을 입은 시민'이다. 한 사람 한 사람 존엄성을 인정받고 존중받는 존재여야 한다. 국가가 필요해서 젊은이들을 군대에 복무하게 강제했으면 그 안에서 육체적·정신적 건강이 상하지 않게 보호하고 치료가 필요하면 즉시 받을 수 있게 해야 한다. 업무 수행에 필요한 보급은 당연히 국가가 감당해야 하고, 인간으로서 기본 생활이 가능하고 군 복무를 마친 뒤 일정 기간 자신의 미래를 준비할 수 있을 만한 액수의 급여는 지급되도록 해야 맞다. 그러나 아직도 사병 월급은 15만 원이고, 부모로부터 용돈을 받아 자비로 훈련에 필요한 용품들을 사야 한다. 군대 내에서 제때 치료받지 못해 사망 직전에 이른 사병, 치료비를 스스로 부담해야 하는 부상병, 이것이 한

안보와 인권, 안보와 민주주의가 공존하는 길

국 군대의 현실이다.

고위층 아들들은 합법·비합법적 방법을 모두 동원해 군 복무를 피하거나 안전한 보직을 찾아가는데, 그럴 수 없는 서민의 아들들은 각종 사고와 왕따, 질병으로 희생당하는 현실에서, 징집되어 복무하는 젊은이들로서는 군 복무를 하지 않는 사람들에 대해 큰 상실감을 가질 수밖에 없다. 군대에 아들을 보낸 부모들의 걱정과 근심 또한 당연하다. 이것은 곧 대체복무제도 도입을 반대하는 여론으로도 이어진다. 대체복무제도의 도입을 더 미룰 일은 아니지만, 군에 복무하는 젊은이들과 그 부모들의 상실감과 근심 또한 이해가 간다. 군인 인권 보장을 기본 원칙으로, 군 현대화와 전문화를 목표로 군 전면개혁을 빠른 시일 내에 시작하면서 대체복무제도도 함께 도입하는 것이 가장 바람직하지 않을까. 이미 계획이 모두 세워져 일부 시행되기 시작하던 일이었다. 노무현정부 시절 군인 인권 보장, 군 병력 감축, 복무기간 단축, 전문화, 전시작전통제권 환수를 포함한 전면적인 군 개혁 방안을 세우고 그와 함께 대체복무제도가 도입되도록 설계했고, 이에 따라 2003년 이후 24개월이던 군 복무기간을 2014년까지 18개월로 줄이는 계획도 수립, 실행되고 있었다. 그런데 이명박정부에 들어 군 개혁 계획들이 모두 뒤집혀버렸다. 박근혜정부 들어서는 군 복무 기간 18개월 단축 계획이 동결되어 21개월로 고정되어버렸고 전시작전통제권 환수 시기를 늦춰달라고 한국이 미

진보를 복기하다

국에 애걸하는 사태까지 벌어졌다. 이렇게 국방개혁은 원점으로 돌아가고, 오직 국방관료들이 개혁 추진에 필요하다는 명분으로 무기 구입비 등 국방 예산을 대폭 늘린 것만 그대로 집행되고, 북과 관계가 악화되었다는 이유로 예산만 더욱 늘어났을 뿐이다. 미국 의회조사국 발표에 따르면, 2014년 한국은 세계 1위 무기 수입국이었다.

군은 현존하는 국제관계에서 국가의 유지를 위해 필요불가결하다. 무력충돌이 사라진 완전한 평화가 미래에 가능하다 하더라도, 그곳까지 도달하는 과정에서는 여전히 충돌이 벌어지고 많은 이들이 전쟁의 위험을 겪을 수밖에 없다. 전쟁을 외교의 수단으로 활용해서는 안 되는 것은 당연하고, 군비 경쟁으로 치달아 무기의 바벨탑을 쌓아올려서는 안 된다는 것도 자명하다. 그러나 전쟁이 쉽게 발발하지 않도록 외교적 노력을 더 기울이게 하는 지렛대로서 군의 존재는 현실에서 필요하고 중요하다. 그렇지만 우리 군이 지금의 모습으로 계속 남아서는 안 된다. 아직도 만연한 부패, 군의 존재 의미를 북에 대한 적대의식에서 찾는 수구 성향, 대통령 선거에까지 불법 개입하는 정치적 편향성, 사병들을 인간이 아니라 부속품처럼 대우하는 비인간적 태도에 군이 계속 머물러 있어서는 사회의 민주적 발전을 저해하는 요소로 남을 뿐이다. 실용적인 면에서 보더라도 정보전 위주의 전쟁에서는 군 병력을 사병 중심의 대규모로 유지하는 것이 오히려 적절하지 않다. 훈련에 상당한 시간과 비용이 드는 것은 물론이고, 무엇보다 젊은이들이 사건 사고로 안타까운 희생을 겪는다. 일반 사병을 줄이고 직업군인 위주로 군을 전문화해야 한다. 군은 남북 군 당국간 대화를 통해 휴전선과 서해 북방한계선 부근의 무력 충돌을 상호 예방하고 파장을 최소화하며 분쟁을 감소시키는 역할을 해야 한다. 이것이 안정적으로 이루어질 경우, 남북관계가 전체적으로 개선되는 것은 물론이고 휴전선 인근에 배치된 병력을 줄여나가는 것도 가능해질 것이다. 사병들의 군 복무 기간은 원래의 계획대로 더 단축되어야 한다. 나아가 모병제로 바꾸는 것도 적극 고려해야 한다. 이런 변화를 만들어내기 위해서는 군이 시민의 의견을 다양하게 수렴해 군 개혁 계획을 마련하는 개방적 구조를 만들도록 도와야 한다. 군 개혁 계획이 좌초하지 않고 실행될 수 있도록 폭넓고 확고한 사회적 지지를 확보하는 것도 중요하다. 무기 구입에 세금을 더 쓸 것이 아니라 사병들의 처우를 개선하는 데 쓰게 해야 한다. 터무니없이 불리한 조건에 로비자금까지 포함된 비싼 가격으로 미국산 무기를 사면서 낭비되는 돈만 줄여도 사병들에게 필수 보급품조차 용돈으로 사게 만드는 일은 막을 수 있지 않을까.

대만은 거대한 중국과 군사적으로 대립하고 있는 것은 물론 국제외교 무대에서도 고립되는 상황에 처해 있으면서도 이미 2000년에 군 체계를 전면 개편해 현대화하고 군인의 인권과 복지를 보장하는 방향으로 정책을 바꿨다. 이와 함께 2000년 7월에 대체복무제도를 도

242
진보를 복기하다

입해 양심에 따른 병역거부자들에 대한 국제적 인권 기준에도 부합하게 되었다. 대만은 제도 도입 시 대체복무 기간을 현역병 복무 기간의 1.5배로 정했는데, 병역을 회피하기 위해 가장하는 사례가 발생하지 않자 제도 시행 4년 만에 인권 보장 측면에서 대체복무 기간을 현역병 복무 기간의 1.1배가량으로 단축하기도 했다. 대만 군 당국은 세계적 추세에 따라 군 병력을 축소하고 전군의 모병제를 추진하고 있음을 공개적으로 밝히고 있다. 이러한 대만의 국방 개혁에는 군 복무 중 아들을 희생당한 부모들의 노력이 큰 영향을 미쳤다. 우리는 낡고 부패한 군 체계를 유지하면서 이미 많은 희생을 겪었다. 대만도 해낸 군인 인권 보장과 군 현대화의 개혁을 우리가 못 할 이유가 무엇인가. 한국도 이제는 할 수 있고 해야 한다.

04

다른 나라들에서는
이미 현실이 된 미래

세상 어떤 일이 쉽기만 하랴. 좌절 없이 성공에 이르는 일 없고 곡절 없는 인생도 없다. 입법의 목전에서 한번 후퇴하기는 하였으나, 그리하여 지금도 연간 600명의 젊은이들이 감옥에 갇혀 있으나, 포기하지 않고 희생을 견디며 쌓아가는 세월 또한 성공에 이르게 하는 큰 힘이다. 한 젊은이가 자신의 뜻을 소리쳐 알리고 많은 이들이 그 소리에 고개를 끄덕인다 해도, 세상은 기다렸다는 듯 바로 바뀌지 않는다. 오히려 세상은 방금 일어난 모든 일들을 잊은 것처럼 정적 속에 잠긴다. 부산스레 떨어진 낙엽 위로 눈이 쌓여 덮이듯. 그긴 기다림의 세월을 어떻게 견디는가 시험하는 것일까. 아무도 기억하지 않는 것 같은 세월 속에서도 기다림을 그만두지 않는 것이 평화주의자에게 주어진 과제다. 비록 그의 마음속에서 기다림은 좌절을 낳고 그를 절망 속에 주저앉히려 하지만, 세상 속에서 기다림의 세월은 지체되고 잊혀지는 시간이 아니라 무르익는 시간이다. 한 사람 한 사람은 실패하고 물러서도, 인류 공통의 이상이 현실과 불화한다고 하여 영영 좌절되리란 법은 없기에. 더구나 이미 다른 나라들에서는 대부분 현실이 된 미래이지 않은가. 대한민국이라고 해서, 분단 상황이라고 해서 언제까지나 불가능한 일은 아닐 것이다. 2015년 7월 헌법재판소는 양심에 따른 병역거부자들에 대한 형사처벌이 위헌이라는 주장을 심리하면서 공개변론을 열었고, 하급심에서는 무죄판결이 잇따라 내려졌다. 세상이 변하지 않고 멈춰 있기만 한 것은 아니었다.

대체복무제도가 도입되면 세상은 더 빠르게 변할 것이다. 남북 분단 상황, 국가안보 때문이라면 민주주의 발전도 인권 개선도 모두 가로막혀온 현실에서 벗어나 안보와 인권, 안보와 민주주의가 공존하는 길을 택하면, 한국 사회는 스스로의 힘으로 민주주의와 인권을 증진시켜나갈 수 있게 될 것이다. 양심에 따른 병역거부자들에 대한 형사처벌 문제뿐만 아니라 언론의 자유, 집회와 시위의 자유, 결사의 자유의 제 영역에서 민주주의와 인권의 개선이 이루어질 것이다. 법무부는 북에 대해서는 보편적 인권의 실현을 촉구하면서도 정작 대한민국 안에서는 남북 대치상황이라는 이유로 인권의 국제 기준 적용을 거부하는 이중 논리를 고집하고 있는데, 양심에 따른 병역거부자들을 석방하고 대체복무제도를 도입하는 것은 정부가 국제사회 보편적 인권의 기준을 한반도 전역에 적용하는 데서 이중적 태도라는 비판을 극복하고 논리적 일관성과 명분을 획득하는 결정적인 계기가 될 것이다.

나아가 대체복무요원들이 사회복지 등의 분야에서 복무하는 것이 정착되면, 국민들이 필요로 하는 공공서비스의 양과 질도 개선할 수 있다. 장애인들에게 활동보조 서비스를 제공하는 등, 국가에 요구되는 사회복지 서비스의 상당수는 대체복무요원들이 충분한 교육과 지도를 받는다면 얼마든지 할 수 있는 일이다. 대만의 경우 대체복무제도를 통해 1년이면 1만 명 이상의 젊은이들이 긴급구조 훈련을 받게 되며 이 중 상당수가 인공호흡 구조요원 등의 자격증을 취득하게 된다. 대만 대체복무제 실시 기관 관계자들은 이 젊은이들이 대체복무를 마치고 우리의 이웃이 되어 함께 살아간다고 생각했을 때 이것은 단순히 복무 기간 동안의 사회봉사에만 그치는 것이 아니라 미래에도 대만 사회의 큰 자산이 될 것이라는 점을 한국의 전문가들에게 강조하기도 했다. 독일은 1961년 대체복무제를 실시한 이래 2011년 징병제가 중단되기까지 50년 동안 270만 명의 젊은이가 3만 7000개의 사회·자선기관에서 유용한 대체복무를 수행하는 등, 대체복무제가 독일 사회에 상당한 이익을 가져온 것으로 조사됐다는 것이 2013년 UN 인권이사회의 공식 보고 내용이다. 모병제로 전환하기 직전에는 그 인원이 한 해 12만 명에 이를 만큼 사회복지요원의 상당수가 대체복무자로 충원된 결과, 사회복지 수준이 눈에 띄게 높아졌을 뿐만 아니라 독일인들이 이웃을 생각하는 방식의 변화까지 함께 동반되었다고 한다. 대체복무를 통해 장애인과 같이 공적 도움이 필요한 사람들의 상황을 더 잘 이해하게 되고, 사회 전체의 유대감이 강해지며, 국가공동체의 존재 가치가 고양되는 것이다. 개인의 행복감을 높임으로써 공동체를 지키는 인간안보는 이와 같은 과정에서 보장되는 것이리라.

세상이 바뀔 가능성은 아직 열려 있다. 비록 어렵더라도, 기다림의 세월을 빼앗기는 시간으로만 보지 않는다면, 포기하지 않는다면.

귀대길 /2016

10장 네 탓이 아니야

차별금지법

"1심의 무죄판결도 이 지역사회에서는 아무런 효력도 관심도 없는 이야기였습니다. 처음 국가보안법으로 제가 구속되었다는 사실에 모든 사회적 기억은 멈추어 있었던 것입니다.

저는 구속 전과 비교했을 때 심각한 기피 대상 인물로 낙인찍혀 있습니다. 저에겐 민주화 세력도 아닌, 진보도 아닌, 좌익도 아닌, '빨갱이'란 굴레가 씌워진 것입니다. 1심 판결에서 판사님은 국가보안법이 엄격하게 적용되어야 한다고 하셨지만 그 판결이 사회에 풀어놓아졌을 때 국가보안법이 법대로만 엄격하게 적용된다는 것은 베니스의 상인에게 피 한 방울 흘리지 않고 살을 베라는 주문과 같은 것임을 실감하게 됩니다. 검사님은 이런 것을 의도했을까요, 아니면 의도하지 않은 결과였을까요. 법을 압도하는 체제가 있다는 것을 몰랐을까요? 아니면 너무 잘 알았기 때문에 그렇게 한 것일까요? 저의 처지는 법의 판결과 무관할 수 있는 무서운 현실 앞에 내던져진 셈입니다."

— 이시우, 국가보안법위반 사건 항소심 최후진술(2008. 11. 18.) 중에서

최진섭, 『법정 콘서트 무죄—이정희와 이시우의 국가보안법 대담』, 창해, 2012, 309쪽.

* 이시우 사진작가는 2007년 4월 국가보안법위반죄로 구속 기소되었다가 6개월 만에 보석으로 석방된 뒤 1심에서 3심까지 모두 무죄판결을 받았다.

01

'종북 게이'라는 신조어

'종북 게이'라는 신조어가 카카오톡에 떠돌기 시작했다. 보수 기독교
단체들의 항의전화로 의원실 전화통에 불이 나자 민주당 의원들은
차별금지법안 발의를 자진 철회하고 말았다. 법안 발의한 지 두 달
도 안 된 때, 논의는 시작조차 되지 못한 때였다. 차별금지법은 UN
인권이사회가 이미 2008년부터 제정을 권고한 법안이고 2013년 한
국정부가 UN 인권이사회 이사국이 되면서 입법을 약속한 것이기
도 했다. 박근혜 대통령직 인수위원회도 국정 추진 과제로 차별금지
법 제정을 꼽았고 법무부도 제정 추진단을 만들어 정부안을 마련하
겠다고 했으니 그 어느 때보다 입법 가능성이 높았다. 이번에는 될
것 같았다. 2012년 12월, 진보당은 김재연 의원 대표발의로 **차별금지
법 제정안**을 제출했다. 2013년 2월에는 민주당 김한길, 최원식 의원이
각각 대표발의하고 도합 63명의 민주당과 진보정의당 의원들이 공
동발의에 참여한 두 건의 차별금지법안이 연이어 제출되었다.

그런데 보수 기독교단체들이 나섰다. 차별금지법이 통과되면 동성애
를 죄라고 가르치지 못하니 사회적 혼란이 오고 그러면 북한이 이익

을 본다고 주장하며 의원들에게 항의 전화를 쏟아 붓자 민주당 의원들은 법안 자체를 철회해버렸다. 정부가 차별금지법안을 제출하면 민주당이 보완한 안을 다시 내겠다는 면피성 발언만 남겼다. 그러나 19대 국회 임기가 다 끝나가는 2015년까지, 정부안은 윤곽도 드러나지 않고 있다. 노무현정부조차 보수 기독교단체들의 반대에 밀려 당초 입법 예고된 차별사유에서 '성적지향, 학력, 가족형태·가족상황, 병력, 출신국가, 언어, 범죄·보호처분 전력'을 빼고 법안을 냈는데, 극우 보수세력에 의존해 정권을 유지하고 정권 재창출을 강력시도하는 박근혜정부가 법안을 낸다 해도 과연 차별 문제를 제대로 다루기나 할까. 정부 뒤에 숨는 야당, 어떻게 보아야 할까. 진보당과 김재연 의원에게도 보수 기독교단체들의 비난과 압력이 쏟아졌음은 물론이다. 그러나 김재연 의원은 법안을 철회한 민주당 의원들과는 정반대로, "근거 없는 왜곡과 비난에는 타협하지 않을 것", "차별금지법 통과를 위해 흔들림 없이 노력하겠다."고 밝혔다. 지금은 이 법안마저 헌법재판소가 진보당 의원들의 의원직을 모두 박탈한 것과 함께 허공에 떠버렸으나.

보수 기독교단체들의 근거 없는 증오도 심각한 문제지만, 차별금지법안을 철회하고 만 민주당 의원들의 문제도 결코 가볍지 않다. 차별은 한 사람을 낙인찍는 것에 그치지 않는다. 차별에 함께 항의한 사람에게도 "동성애를 지지하는 것이냐?"고 물으며 낙인찍을 준비를 한다. 손가락질과 사회적 불이익이 눈앞에 보이는 상황에서, 사람들은 바로 "나는 동성애를 지지하지 않는다. 그러나……" 하는 식으로 답한다. 여론의 공격에 민감한 정치인들의 답변은 더욱 빠르다. 한 사람이 답하면 다른 사람도 답하지 않을 수 없다. 차별금지법에 찬성하면 동성애를 지지한다고 공격받을까 봐 두려워하는 사람들을 침묵시키는 데는 이 질문 하나로 충분하다. 차별금지법을 제안한 정치인이 낙인이 두려워 이 시도마저 철회할 때, 차별을 당해온 사람은 더 이상 의지할 곳 없는 이중의 좌절을 경험한다. 차별을 없애겠다는 생각이 확고하다면, '차별금지법은 동성애 지지 여부와 상관없이 옳고 필요한 것'이라고 답해야 한다. 그 질문 자체가 차별을 악화시킨다고 말해줘야 한다. 그 물음이 바로 차별금지법에 찬성하면 동성애 지지자로 오인받으니 찬성하지 말라고 경고하는 것과 같으니. 진보당은 이 낙인찍기에 굴복하지 않았다. 그러나 얼마 지나지 않아 해산당했다. '종북'이라는, 가장 흉하고 쓰라린 낙인이 찍힌 채.

차별구조를 바꾸는 것은
이 사회 전체의 의무

'네 탓이 아니야.' 차별금지법이 전해줄 말이다. 쉼 없이 계속되는 차별, 당연한 것처럼 '구조'가 되어버린 차별은 사람을 위축시킨다. 항의하는 것에도 한계가 있다. 그는 점점 자신을 드러낼 수 없는 존재가 된다. 늘 손을 등 뒤에 감출 수밖에 없는 존재, 그는 피해자이면서도 스스로를 경계하고 통제한다. 차별의 사회구조는 결국 그의 내면을 파괴하는 것으로 완벽한 차별을 만들어낸다. 얼굴에 찍힌 낙인은 그의 가슴에도 복제되고, 쉼 없는 내부 피폭이 계속된다. 시간이 갈수록 더해지는 것, 네 탓이 아니라는 말조차 받아들이지 못하고 밖으로 밀어내게 하는 것, 그것이 차별이다.

네 탓이 아니야. 이 사회의 공식 언어로 이 말을 전해주자는 것이 차별금지법이다. 차별구조 속에서 외롭게 생존해온 사람이 더 이상 자신을 감추지 않는 것이 이 사회의 표준이 되었다고 알려주는 것, 차별구조를 바꾸는 것이 이 사회 전체의 의무라고 시인하는 것, 그리하여 차별받아온 그 당사자로 하여금 차별구조를 바꿀 의지와 힘을 갖도록 돕는 것, 이것이 차별금지법이다.

차별금지법은 헌법 제11조 평등권 조항을 실현시킬 구체적인 수단이다. 평등권 조항은 하위 법률이 없어도 사회 각 분야에 폭넓게 적용되고 실행되어야 하지만 차별로 인정되는 경우도 그리 많지 않고 차별 시정을 위한 조치도 미흡했다. 김재연 의원이 대표발의한 진보당의 차별금지법안은 성별, 장애, 병력, 나이, 언어, 출신국가, 출신민족, 인종, 피부색, 출신지역, 출신학교, 용모 등 신체조건, 혼인 여부, 임신 또는 출산, 가족형태 및 가족상황, 종교, 사상 또는 정치적 의견, 전과, 성적지향, 성별정체성, 학력, 고용형태, 사회적 신분 등을 '이유로 한 차별'을 금지해 차별의 구체적 기준을 제시한다. 언어와 고용형태를 이유로 한 차별을 금지하는 것은 기존의 다른 안에는 들어 있지 않고 김재연 의원안에만 포함되어 있다. 차별금지법안은 '고용, 시설이나 사회서비스의 이용, 교육, 행정서비스 제공 등에서 특정 개인이나 집단을 분리, 구별, 제한, 배제, 거부하거나 불리하게 대우하는 모든 것'을 차별로 정의한다. 국가와 지방자치단체가 차별을 없앨 방법을 모색하도록 의무를 지우고, 차별이 있을 경우 국가인권위원회가 이를 중지시킬 권한을 가지며, 법원 판결로 실질적 배상을 명하게 하여 재발을 막으려는 것이 이 법안의 주된 내용이다.

법안은 '외견상 중립적인 기준을 적용하지만 특정 집단이나 개인에게 합리적인 이유 없이 불리한 결과가 초래된 경우'도 차별이라고 규정한다. 더 교묘한 차별이라 해야 할까. 교도소에서 벌어지는 일들이 그 대표적인 예다. 일률적으로 금지되던 많은 것들이 재소자 교화 차원에서 교도소 재량으로 바뀌었다. 외부 진료, 특별면회 등 재소자들에게는 절실한 것들이다. 그런데 유독 그 수혜는 재벌총수들에 집중된다. 교도소에서도 돈과 권력이 있으면 편하다는 말이 나온다. 일부 재소자라도 더 나은 생활을 누리게 되었으니 나아진 것이라고 해야 할까? 그렇지 않다. 모두 다 같은 교화 목적 아래 공평하게 기회를 배분받는 것이 아니라면 불평등은 더 큰 상실감을 낳고 뇌물과 청탁과 비리를 낳는다. 2015년 가을, 조현아 대한항공 부사장 수감 시 편의를 보아달라는 명목으로 청탁이 오갔다는 보도들이 나왔다. 사실이라면, 재량권의 범위 내에서 벌어지는 차별의 이면이 드러난 셈이다. 차별금지법안이 제정된다면 이 역시 통제권에 들어올 것이다.

이 법안의 특징 중 하나는 노동 문제에 관한 강력한 차별 시정 효과다. 법안은 차별적 대우를 규정한 근로계약 부분은 아예 무효로 한다. 같은 일을 하면서 특정인만 불리한 근로계약이라면, 정당한 이유가 있어 차별이 아니라고 사용자가 입증하지 못하면 불리하지 않은 근로계약으로 수정된다고 간주하는 것이다. 정년이 보장된 동료들과 같은 업무를 하는 특정인이 정당한 이유 없이 기간제로 낮은 임금을 받는다면, 이 법안으로 기간제 계약은 무효가 되고 정년이 보장되는 근로계약으로 바로 바뀌는 셈이다.

이 법안은 구제신청이나 소송절차에 들어간 피해자를 돕는 장치를 마련해두고 있다. 법적 쟁송 단계로 간 사람들은 이미 외톨이가 된 경우가 많을 수밖에 없다. 혼자가 된 그는 짧게는 몇 개월, 길면 몇 년이 걸리는 구제 과정을 거치는 동안 엄청난 긴장과 압력을 견뎌야 한다. 이긴다 하더라도 그 자신은 피폐해져버리고, 겉으로는 차별에서 구제받아 성취를 이룬 사람으로 여겨질지라도 그 내면은 회복되기 어려운 상태에 놓인다. 쟁송 과정에서 국가의 공적 지지는 이렇듯 취약한 상태에 처한 피해자의 치유에 매우 중요하다. 그러나 그것만으로는 부족하다. 자신은 고통스러운 대가를 지불했지만 그 결과 세상이 바뀌었다는 성과를 눈으로 확인하고 그로부터 자신의 존재가치를 인정받을 때에야 비로소 스스로 상처를 치유할 힘이 생긴다. 그가 자유롭게 살아갈 수 있게 되는 것은 스스로의 힘만으로 할 수 있는 일이 아니다. 사회의 인정과 존중이 없이는 한 사람조차 온전히 회복될 수 없다. 치유와 회복은 차별금지법만으로 이룰 수 있는 것이 아니다. 오직 사람들만이, 동료들만이 해줄 수 있다.

UN 자유권규약위원회가 차별금지법 제정을 권고한 지 10년이 다되어간다. 규제를 없애는 법안은 재벌과 경총이 요청하면 강행 처리도 서슴지 않는 정부 여당이 차별금지법 제정 문제에서는 매우 소극적으로 시간만 끌고 있다. 그 사이 영향력을 더 키운 보수 기독교단체들이 '종북 게이' 공격을 벌여 민주당 의원들로 하여금 차별금지법안을 철회하게 한 2013년 4월, 프랑스에서는 동성결혼법안이 통과됐다. 미국 연방대법원은 2015년, 동성애자에 대한 결혼을 미국 전역에서 보장해야 한다고 판결했다. 근거 없는 종북 공격에 대해서는 영국 법원마저도 이에 대한 손해배상을 인정하고 국내 법원에서보다 훨씬 많은 금액을 배상하라고 명했다. 세계는, 그리고 인류의 이성은 이처럼 차별을 극복하는 방향으로 나아가는데 한국정부와 여당은 거꾸로 퇴행한다. 그것도 국가권력이 가장 앞에 서서 퇴행을 주도한다. '종북 정당 진보당을 해산하라'는 극우 보수단체의 집회는 경찰의 보호 대상이 될 뿐만 아니라 경찰로부터 의자까지 옮겨다주는 편의를 제공받기까지 했다. 이 단체들은 행정자치부로부터 자금 지원도 받는다. 국민들이 낸 세금이다. 반면 세월호 참사의 진상을 밝히라는 집회는 해산명령을 받고 그 집회를 연 인권활동가는 감옥에 간다. 국가가 직접 나서서 정치적 의견 차이를 이유로, 차별행위의 가해자 노릇을 하고 있다. 노골적이고 참담한 퇴행이다.

차별이 가장 쉽게 자라나는 조건은
분열

차별이 저절로 심해지는 법은 없다. 차별이 급격히 악화되는 것은 그 조건이 충족될 때다. 차별이 가장 쉽게 자라나는 조건은 '분열'이다. 단합해야 함께 살아날 수 있는 사람들이 그 내부에서 갈라지면 더해가는 차별을 이길 수 없고, 그 결과는 그들 안의 더 큰 분열로 돌아온다. 상처와 불신이 쌓이기 때문이다. 악순환이다. 조선소에 다니는 하청 노동자 한 분이 사측보다 정규직 노동자의 하대에 더 화가 난다는 말을 한 일이 있다. 그럴 것이다. 비정규직 노동자가 정규직 노조에 가입하지 못하는 일이 왜 아직도 계속되는가. 노동자 스스로 노동자는 하나라는 말을 실천하지 못하는데 정권과 재벌대기업들이 정규직과 비정규직의 차별을 없애야 할 이유가 어디 있겠는가. 정규직이 고용안정을 요구하면 비정규직을 먼저 자르면 되고, 비정규직이 차별에 항의하면 정규직을 탓하면 될 뿐이다. 그들은 수십 년 동안 같은 대응을 되풀이하는데 함께 맞서야 할 사람들은 아직도 갈라서 있다. 2012년 이후 정권이 종북 공세를 가하자 야권은 서로 자신은 종북이 아니라면서 피하겠다고 갈라지고 도리어 나서서 종북몰이에 동참했지만, 종북 공세가 어디 멈춰지던가. 더 극악해졌을 뿐이다.

'단결'은 문제를 근본에서 해결할 길을 열어준다. 2013년 봄 여수에서 하청 노동자들이 폭발사고로 죽고 다쳤을 때, 정규직 노조가 하청 노동자들 앞에서 죄송하다고 사과하는 것을 보았다. 작은 일일 수 있지만, 마음을 나눌 수 있어 다행이다 싶었다. 상대적으로 안정된 처지에 있는 사람들이 마음으로부터 책임을 느끼는 모습이 서로 다른 노동자들의 단결을 가능하게 했다. 나아가 국가산업단지로 지정되어 유해 화학물질에 노출될 불안에 시달리면서도 노동자의 안전도 고용안정도 지역사회 복지도 보장받지 못한 채 살아가야 하는 현실에 공감한 그 지역 노동자들이 함께 스스로의 생명과 안전을 보장받을 수 있는 근본 해결책을 모색하게 하는 기반이 되었다.

정부와 재벌대기업이 해결책을 내도록 강제하지 못하고 차별당하는 사람에게 책임을 돌리면 문제 해결은 더 어렵다. 건설사 노조 관계자 몇몇을 만났더니 불법체류 외국인노동자들이 낮은 임금으로 다수 취업해 한국인 취업이 어렵다고 한다. 외국인노동자 취업을 규제해야 한다는 취지다. 재벌대기업부터 담합하고 발주처에 뒷돈을 주며 하청에 또 하청을 거듭하는 다단계 건설현장 구조를 그대로 두니 소규모 하청업체들은 더 적게 받고 더 오래 일하는 불법체류 노

진보를 복기하다

동자를 찾는다. 노조 가입도 못하는 이들은 더 낮은 임금에 더 힘든 노동에도 응하고, 그 조건으로는 가족들 먹여 살릴 수 없는 한국인 노동자는 결국 다른 일을 찾을 수밖에 없다. 부패 구조를 없애 일할 만한 일자리를 만들고, 외국인노동자도 노조에 가입할 수 있게 하고, 내국인과 같은 노동조건을 보장하면서 적어도 일정 비율만큼은 지역민을 우선 고용하게 하는 등 적극적인 내국인 고용안정 방법을 찾아야 풀리는 문제 아닐까. 재벌대기업의 약탈 구조를 남겨놓고 영세 기업들 인건비 줄여주겠다고 외국인노동자를 저임금으로 묶어두고 고용허가제나 쿼터제 같은 행정적 규제만 해서는 불법체류 노동자의 증가를 막기도 어려울뿐더러 결국 한국 노동자의 피해로 옮아갈 수밖에 없다. 물론, 노동자들의 노력만으로 해결할 수 있는 문제는 아니다. 네팔 여성노동자 찬드라가 한국어를 잘하지 못하는 탓에 정신병자로 오인되어 6년 4개월이나 국립정신병원에 갇혀 지내다가 네팔인들의 수소문 끝에 구출되어 2000년 고국에 돌아간 일이 있다. 찬드라는 대한민국을 상대로 손해배상을 청구했는데, 법원은 불법 수용당한 기간 대부분에 대해 고용허가가 종료되었다는 이유로 한국인에 비해 20분의 1 수준의 일실손해만을 인정했다. 경제 수준이 낮은 나라에서 왔으니 그 나라 일용임금 수준의 배상에 만족하라는 것이다. 불법체류 노동자들의 노조 설립을 받아들이지 않은 정부 조치가 위법하다는 2015년 6월 대법원 판결이 나오기까지, 제소에서부터 무려 10년 걸린 곳이 대한민국이다. 법적 기준을 설정하는 사법부가 이처럼 차별로 인한 피해를 즉시 완전히 구제하지 않을 때, 차별을 없애려는 노력은 벽에 부딪힐 수밖에 없다. 결국 책임은 차별구조 속에서 피해를 보는 사람들에게 있는 것이 아니라, 자신의 이익을 위해 그 차별구조를 유지시키는 세력과 이를 합법이라 시인해 온존시키는 권력에 있다. 이 구조까지 바꿀 크고 강한 단결이 있어야 차별을 없앨 수 있다.

차별금지법이 입법에 성공하더라도 이것으로 차별의 확대를 모두 막을 수는 없다. 남녀차별 금지 및 구제에 관한 법률이 제정된 지 16년이 넘었지만 비정규직 여성 임금은 남성 정규직의 35.4%, 남녀 임금 격차는 줄곧 OECD 1위다. 법이 만들어져도 OECD 평균과 격차는 더 늘어나는 것이 현실이다. 차별금지법은 이미 일어난 개개의 차별행위의 사후 처리를 맡을 뿐, 사회 각 분야에서는 지금도 끊임없이 구조적 차별이 더욱 교묘한 형태로 생겨난다. 개천에서 용 나는 경우는 이제 거의 없다. 재벌총수는 물론이고 의사, 법조인, 알고 보면 상당수가 가업을 잇는 사람들이다. 신분 상속은 금지되어 사라졌지만 이제 부와 학력과 인맥이 상속된다. 아버지의 뒤를 이어 대통령이 되고 국회의원이 되며 사립학교 재단 이사장이 된다. 명예마저 차지해 물려주기 위해 선친의 역사적 과오까지 세탁하려는 시도까지 감행된다. 일제에 군용기 헌납을 선동하고 강제징병을 독려한 김무성 새누리당 대표의 아버지가 그 아들에 의해 비밀리에 독립군을 도운 사람으로 미화되기까지 하는 지경 아닌가. 법전 속의 법을 현실에 적용시켜 구제를 이끌어내는 것조차, 법을 현실로 만들어낼 의지를 가진 조직된 힘이 없이는 불가능하다. 이에 더하여 평등한 경제구조와 민주적 권력구조를 만들려는 시도를 끈기 있게 계속하는 강력한 정치세력이 있어야만 차별금지법의 실효성이 확보되고 문제를 근본에서 해결할 길이 열린다. 진보정치의 역할이 필수다. 그러나 진보정치조차 현실을 바꿀 영향력을 발휘하기 직전에 정치적 의견의 차이를 이유로 한 차별의 높은 벽에 가로막혀 좌초당했다. 다시 시작한다면 벽을 무너뜨릴 수 있을까. 무엇이 그것을 가능하게 할 것인가.

04

'통합진보당'은 가장 선명한 주홍글씨

차별금지법 발의 과정에서 쟁점은 성별정체성 문제로 집중 부각되었지만, 한국 사회에서 다른 무엇보다도 더욱 심각하고 뿌리 깊은 문제는 '사상 또는 정치적 의견의 차이'를 이유로 벌어지는 차별이다. 이는 민주주의 발전을 막고 분단을 공고하게 하는 심각한 악영향을 낳는다. 진보정치가 집중해야 할 문제가 바로 이것이다. 27년간 수감됐던 만델라 남아프리카공화국 대통령보다 더 오래 감옥에 갇힌 사람들이 즐비했던 곳이 한국 사회다. 박정희 독재정권은 북에 대해 체제 우위에 서 있음을 보여줄 목적으로 사상범들에 대해 가혹한 고문 전향공작을 폈고, 전향서를 쓰지 않는다는 이유로 40년이 넘도록 감옥에 가두어두었다. 집안에 월북자나 좌익 경력자가 있으면 공직 임용은 꿈꿀 수도 없었다. 1987년 6월항쟁 이후 이런 일들은 모두 과거의 것이 되었다고 여겨졌다. 그러나 이명박·박근혜정부에 들어 벌어진 역사의 퇴행 속에 과거의 것들이 공공연하게 되살아났다. 국정 역사교과서 반대 선언에 참여한 교사와 공무원들은 징계 대상이 되고, 찬성 선언에 참여하면 아무 문제가 되지 않는다. 정치적 의견의 차이를 이유로 한 차별이 국가권력에 의해 가해지고 조장된다.

'통합진보당'은 지금 가장 선명한 주홍글씨다. 2012년 이후, 국정원이 주축이 된 국가기관들이 박근혜 대통령 당선과 권력 공고화를 위해 일제히 진보당을 '종북'으로 몬 결과다. 한국 정치사상 처음으로 총선 야권연대가 이뤄지고 진보당이 의석 20석을 차지해 원내교섭단체가 될 가능성이 보이기 시작하자마자 일어난 일이다. 새누리당 박근혜 대통령 후보가 직접 "국가관이 의심스러운 사람은 국회에 들어오면 안 된다."고 종북몰이에 나섰다. 자주·민주·평등·평화통일의 정치적 의견을 가진 진보당원들에게 '종북' 딱지가 붙었다. 탈당한 사람조차도 이른바 '전향'으로 평가될 언행을 했던 것이 아니면 불이익을 당해야 했다. 장애인권 향상을 위해 평생 노력한 박영희 씨가 2012년 총선 당시 진보당 비례대표 후보였다는 이유로 2015년 국회의 국가인권위원 인준 표결에서 부결된 것이 대표적인 사례다. 정부가 2015년 11월 민중총궐기는 불순하다는 근거로 든 것이 진보당 해산에 반대하는 단체들이 참여한다는 것 아니던가.

그런데 정권에 의한 종북몰이보다 더 혹독한 것이 있었다. 진보당원들이 진보진영에서 겪은 배제다. 2012년, 진보당은 허위의 비례경선 부정 논란을 벗어나기조차 힘겨운 상태에서 중앙위 폭력사태의 잘못에 빠져 '과거에 갇힌 낡은 정치집단'이라는 규정을 뒤집어썼다. 비례의원이 사퇴하지 않는다는 이유로 탈당한 이들은 진보당을 자기들끼리 똘똘 뭉쳐 다수의 횡포를 부리는 패권집단으로 세상에 각

인시켰다. 진보진영 내에서 정치적 의견의 차이로, 다수와 소수로 대립하며 감정의 앙금을 쌓아왔던 지난 몇 십 년의 시간들은 박근혜 정부 집권을 위한 종북몰이 광풍 속에서 진보당에 대한 멸시와 배제로 돌아왔다. 그것은 진보진영 안에서부터 시작되었기에 더 심각했고 그 때문에 더 가속도가 붙었다. 이 집단이 진보진영 안에서조차 불가촉천민으로 전락하는 데는 일주일이면 충분했다. 이른바 '진보언론'의 허위 보도가 보수언론의 그것보다 더 큰 악영향을 끼쳤다. 진보당은 한순간에 '낡고 나쁜 것'의 대명사가 되었다. "자주파는 북조선노동당의 지도를 받아 움직이는 일종의 통일전선체이다."(진중권) 등 진보진영 지식인들의 근거 없는 비난은 헌법재판소에 의해 "이러한 발언들이야말로 바로 피청구인 주도세력의 성향과 실체를 정확하게 표현한 것으로 보인다."고 평가되어 그 발언자를 명시하여 진보당 해산결정문에 그대로 인용되었다. 2015년 11월 UN 자유권규약위원회조차 대한민국 정부에 대한 제4차 국가심의 본심의 최종견해에서 통합진보당 해산 결정이 자유권규약 제22조에 부합하지 않는 결정이라는 취지로 "해산된 통합진보당이 민주적 기본질서를 위반했다는 주된 근거로 그의 회원이 북한의 이념을 선전했다는 혐의를 든 것"을 염려하며 "정당의 해산이 그 성질상 특별히 과도한 점을 고려하여 비례의 원칙을 구현해야 한다."라고 공식적인 우려를 표명했지만, 정작 한국의 야당들은 아직도 진보당과 연관되기를 부인하는 데 급급하거나 여전히 해산당한 진보당을 비난하고 그 빈자리를 차지하는 데 몰두해 있다.

참여연대 등 284개 단체로 구성된 '국가정보원 정치공작 대선개입 진상 및 축소은폐 의혹 규명을 위한 시민사회 시국회의(국정원 시국회의)'를 만들 때도 진보당은 회원단체가 될 수 없었다. 국정원 대선 개입의 가장 큰 피해자가 진보당인데도, 진보당이 가입하면 시민단체들이 함께하기 어렵다는 이유다. 내란음모조작사건이 난 뒤로는 더욱, 내가 옆에 가는 것이 혹시 폐가 될까 싶어 갈 수 없는 분위기가 팽배했다. 세계의 양심으로 불린 버트런드 러셀은 양심수 구호에 나섰던 일에 대해 그의 자서전에서 "수감자 석방을 위해 동료들과 나는 정파나 신조를 따지지 않았으며, 그들에게 가해진 처벌의 정당성 혹은 부당성, 불필요한 잔학 행위의 유무만을 기준으로 삼았다."고 회고했다.* 그러나 21세기 한국 사회의 지식인과 진보진영은 정권의 탄압에 함께 맞서기보다 진보당 세력이 진보정치를 망쳤다고 몰아세우거나 거리 두기에 바빴다. 진보당에 대한 정치적 평가이니 감수해야 할 일일까, 아니면 진보진영 내의 부당한 차별일까. 당시 나는 정치적 평가로 받아들이려 했고 현실로 수용하며 행동했다. 나의 잘못과 실책으로 그 현실을 막지 못했고, 진보진영 내의 적극적 가

* 버트런드 러셀, 『인생은 뜨겁게―버트런드 러셀 자서전』, 사회평론, 2014.

해자들과 암묵적 동조자들로 하여금 그것이 가해임을 인식하게 하지도 못했으므로. 사태가 진보당 해산으로 결말지어진 지금, 실패의 책임을 질 사람이 필요한 것이 정치이고, 나는 마지막까지 정치적 평가의 대상이어야 마땅하다. 그러나 새로운 세상을 위해 노력한 그 많은 사람들을 다른 파라는 이유로, 종북 공격의 표적이라는 이유로, 과연 언제까지 또 배제할 것인가. 과거는 바꿀 수 없다. 다만 앞으로는 달라야 하지 않을까. 협력과 연대가 가장 필요한 시간에 진보진영 내의 차별이 불러온 결과를 눈앞에 놓고도 다시 새로운 차별과 배제를 가하는 일은 없어야 하지 않나. 분열의 악순환을 끊고 단합해야 벽을 넘을 수 있다는 것, 진보정치 역시 그러하다.

05

부당한 기준을 통과해
자신만 살아남으려 해서야

단번에 해결할 수 없을 만큼 넓게 퍼진 차별을 없애는 데서 성과보다 중요한 것은 과정이다. 결과보다 태도가 중요하다. 특히 정치인의 태도가 중요하다. 그의 태도가 많은 사람들의 관심사가 되고, 그만큼 사회 구성원들의 의식에 큰 영향을 미치기 때문이다. 차별을 없애려는 정치인이라면 차별의 피해자들을 껴안아야 한다. 차별로 스스로를 감춰야 했던 사람들을 간격 없이 부둥켜안는 것이 바로 차별을 없애는 시작이다.

진보정치인이라면 한발 더 나아가, 차별을 만들어내는 사회 구조를 바꿔야 하는 정치의 의무를 생각해야 하지 않을까. 사상이나 정치적 의견을 이유로 한 차별을 없애기 위해서는 더욱. 그가 항의할 수 있어야 다른 사람들도 항의할 수 있기 때문에. 자신의 머릿속을 열어 보이고 "자, 봤지? 나 종북 아니야."라고 말하면 그 한 사람은 사회가 만들어놓은 사상의 심사대를 통과하여 자유롭게 풀려날 수 있다. 그 스스로 정치를 직업으로 살아가는 데는 이것이 더 편한 방법임이 분명하다. 하지만 누군가는 그 부당한 심사대를 통과하지 않겠다고 선언함으로서 심사대를 없애는 데 힘을 보태야 하지 않나. 사람의 머릿속을 열어보지 말라는 것이 바로 인권의 기초이고 민주주의 헌법의 전제이므로. 2015년 12월 케냐의 한 버스 승객들이 이슬람 무장단체로부터 습격을 받았는데 무슬림은 그대로 남아 있고 기독교도는 나오라는 협박에 무슬림 승객들이 "우리 모두를 죽이든지 아니면 그냥 놔두라."며 버텨 대부분 무사했다는 소식이 전해졌다. 부당한 기준을 통과해 자신만 살아남으려 하지 않고 그 기준을 과감히 없애 모두 함께 살아가는 것이 민주주의자의 태도 아닐까.

분리하고 밀어내지 않고 기꺼이 껴안는 것, 간격 없이 부둥켜안는 것, 차별받고 상처받은 사람들을 안에서 공격하지 않는 것. 이것이 내가 생각하는 '차별에 반대하는 진보정치의 태도'다. 태도가 바뀌면 새 길도 보이지 않을까. 그로부터 나오는 성과는 차별받고 고통받아온 모두의 삶을 바꾼다. 마다할 이유가 무엇인가. 더 아프기를, 더 패배하기를 바라지 않는다면.

지난 몇 년, 유난히 많은 동료들이 갑작스럽게 중병을 앓고 세상을 떠났다. 진보정치의 힘든 길을 걸어온 것만으로 사람이 쓰러지던가. 누가 알아주지 않는다고 병을 앓던가. 스스로 선택해서 그렇게 살아왔는데 그것만으로 무너질 리 없었다. 진보정치의 그 몫조차 할 수 없도록 진보진영 내부로부터 쫓겨난 것이 평생 용기백배했던 사람들의 마음을 할퀴고 몸을 빼앗아갔다. 그러나 어느 장례식에서도 차마 말할 수 없었다. 누군가를 다시 탓해서는 안 되겠기에, 진보정치도 그도 지켜내지 못한 책임 있는 내가 모두를 더 힘들게 해서는 안 되겠기에. 과거의 원망을 전해서는 안 되겠지. 너무 아까운 꿈도 사랑도 다 전하지 못하는 지금.

차별 없는 세상 /2016

11장

1년 365일
주권자가 되는 길

국민참여예산제
·
국민소환법

조물주는 바로 대중 자신이며,
마법의 손은 바로 대중의 손이다.

프란츠 파농, 『대지의 저주받은 사람들』, 남경태 옮김, 그린비, 2010.

"국회의원은 국가이익을 우선하여
양심에 따라 직무를 행한다."

(헌법 제46조 제2항)

2009년 12월, 이명박정부가 밀어붙이는 4대강 예산안을 막겠다고 야당들이 함께 한 달 이상 국회에서 농성할 때다. 한나라당 의원들이 매일 십여 명씩 농성장인 예결위(예산결산특별위원회) 회의실에 와서 야유를 보내고 시비를 걸었는데, 한번은 "영산강만 하지 말까?"하는 거다. 그 말에 농성 중이던 민주당 한 의원이 득달같이 "영산강은 해야지!" 소리쳤다. 민주당이 4대강 사업은 끝까지 막겠다고 언론에 공언하던 때였다. 영산강 공사만은 자연을 살리는 것이라는 뜻일까, 광주전남 지역에 갈 예산은 챙겨야 한다는 속마음이었을까. 예결위가 공전되어 여야 강경 대치 상황이라고 연일 보도되던 때, 그 대치를 끌고 나가는 예결위 야당 간사는 자신이 이미 지역구 예산을 얼마나 확보했는지를 자랑했다. 언론에는 예산안이 연내 통과되지 못하면 준예산으로 편성된다는 보도가 오갔지만 야당은 결국 물러섰고, 4대강 공사는 강행되었다. 지방선거가 목전에 다가온 때였다. 야당이 4대강 예산안에 더 맞서지 못한 이유, 야당 의원들이 열심히

따놓은 지역구 예산을 못 가져갈 수도 있다는 생각도 그 하나일까, 의문이 들었다.

지금의 예산심사제도는 대통령 뜻을 뒷받침하는 것이자 국회의원들에게는 재선의 방편이다. 대통령이 꼭 지킬 공약만 내놓았다며 보육료 무상 지원, 기초연금 20만 원 지급 등을 공약해놓고, 정작 당선되면 재원이 부족하다며 파기해도 여당 국회의원들의 거의 대부분은 박수쳐 통과시켜준다. 대통령 눈에 들어야 재선 가능성이 높기 때문. 대통령 거수기를 자처할수록 더욱 안정적이다. 야당 국회의원들은 어떤가. 대통령과 여당의 독주를 비판하지만 끝까지 진짜 막지는 않는다. 판이 깨지지 않아야 비판도 하는 야당이라는 체면도 살리면서 야당이어도 지역구 예산 끌어 갈 수 있고, 그래야 재선될 수 있기 때문이다.

지역구에서는 흔히 국회의원들이 공약을 지켰는지, 능력 있는 의원인지가 지역구에 얼마만큼의 예산을 가져왔는지로 판단된다. 나라 전체의 이익을 위해 불필요한 사업 예산을 얼마나 줄였는지, 모든 국민을 위한 예산을 얼마나 관철시켰는지는 그리 중요하지 않다. "힘 있는 여당 뽑아달라."가 가장 설득력 있는 선거전략이다. 2014년 4월 순천 곡성 보궐선거에서 새누리당 이정현 후보가 '예산폭탄'을 퍼붓겠다며 당선됐다. 2010년 7월 광주 남구 보궐선거에서는 민주당 박지원 원내대표가 민주당 후보에게 예결위 간사를 맡겨 150억

원은 따오게 하겠다고 했다. 민주노동당 오병윤 후보와 맞섰을 때였다. 그러면 다른 지역에 갈 예산은 그만큼 줄어들어도 된다는 것일까. "뽑아줬더니 뭐 한 게 있어."라는 말은 곧 "지역구에 예산 끌어온 게 없잖아."라는 말과 동의어다. 진보정당 의원들도 예외가 아니다. 소수정당이라 예산도 못 가져오니 뽑아줘봐야 소용없다는 말 듣지 않으려면 사력을 다해 예산 확보 경쟁에 나서야 한다.

국회의원은 나라 전체의 이익을 위해 판단하고 행동해야 맞다. 자기 지역에 필요한 예산은 합당한 토론 과정을 거쳐 받아들여져야 하는 것이지, 자기 지역 예산을 확보하기 위해 나라 전체에 해악이 되는 예산을 못 이기는 양 통과시켜주어서는 안 된다. 헌법 제46조 제2항은 "국회의원은 국가이익을 우선하여 양심에 따라 직무를 행한다."고 정한다. 국회의원에게 부과되는 의무다. 출신 지역의 이익이 나라 전체의 이익에 앞설 수는 없다. 헌법의 요구마저 가볍게 저버리는 국회에 언제까지 예산심의를 통째로 맡겨야 하는 걸까. 아무렇지도 않게 핵심 공약을 모두 파기하는 대통령과 여당의 태도를 앞으로도 두고 보기만 해야 하나. 제가 대통령 하면 달라집니다, 말하는 후보를 뽑으면 문제가 해결될까. 정말 달라지게 하려면 앞으로 누가 대통령이나 국회의원이 되더라도 그런 오남용을 할 수 없도록 국민이 자신의 손에 권력을 쥐어야 가능하다. 신뢰는 국민에게 그 권력을 쥐어주겠다는 정치세력에게 보내야 한다.

국민참여예산제
: 예산편성과 통과에 대한 국민의 참여를 보장

국민참여예산제를 도입하자. 2015년 예산안부터 적용된 '국회선진화법'으로 문제는 더욱 심각해지고 있다. 전에는 여야 합의된 부분은 반영하고 미합의 부분은 정부안으로 하는 등의 예결위원장 수정안이라도 가능했다. 그러나 이제는 여야간 일부 다툼이 있어 합의된 수정안이 나오지 않으면 예산안 전체에 대해 정부안을 상정해 통과시키게 바뀌어버린 것이다. 이전까지 연말 국회의 주도권은 야당에 있었다. 정부 예산안을 통과시켜주지 않는 것이 야당이 가진 가장 강력한 협상력이기 때문이다. 그러나 이제 국회선진화법 때문에 연말 국회 주도권은 정부 여당으로 완전히 넘어갔다. 예산안의 처리 날짜는 정해져 있고, 애초 여당의 이익만 보장된 정부 원안을 통과시키느니 조금이나마 야당 의원들의 목소리가 담긴 예산안을 만들어야 한다는 계산 속에서 야당은 더 쉽게 무릎을 꿇는다. 2015년 12월에는 새정치민주연합이 정부 예산안대로 처리하겠다는 새누리당의 압박에 밀려 예산안 합의통과는 물론 반대해오던 테러방지법과 노동악법까지 '즉시 논의를 시작'하고 '임시국회에서 합의 처리'한다고 합의하는 일까지 벌어졌다. 이대로 대통령과 국회에 예산편성과 심의를 모두 맡겨놓아서는 공약 파기는 되풀이되고 국회 예산심의권은 무력화되며 국회의원들의 자리 보전을 위한 예산 끌어가기만 남는다.

예산편성에 관한 국민의 참여를 보장해 대통령의 공약 파기를 막고, 국회의원들이 나라 전체의 이익이 아닌 자당과 자신의 이익을 챙기는 데 몰두하지 못하게 하자는 것이 민주노동당과 통합진보당의 일관된 정책이다. 지방자치단체 차원에서는 이미 시작된 일이다. 2000년 창당 초기부터 브라질 노동자당과 교류하던 민주노동당은 포르투알레그레(Pôrto Alegre) 시의 '참여예산제'에 착안해 주민참여예산제를 한국에 소개하고 2002년 6.13 지방선거에서 주민참여예산제 공약을 명시했다. 노무현정부 초기인 2003년 7월 지방분권 추진 로드맵 등에서 참여예산을 비롯한 주민참여제도 도입 및 활성화를 정책 과제로 채택했고, 2004년 3월에는 광주 북구에서, 6월에는 민주노동당 출신 구청장이 있던 울산 동구에서 주민참여예산제도가 도입되었다. 2005년 8월에 지방재정법에 명문 규정이 마련되었고, 2011년 3월에 의무규정으로 바뀌면서 지금은 모든 지방자치단체로 퍼져나갔다. 그러나 지자체마다 실질적으로는 상당한 차이가 있어 단순히 공청회나 설문조사 등을 하는 것까지도 현행 지방재정법상 주민참여예산제로 불리고 있다. 하지만 이는 아주 초보적인 단계에 불과하다. 서울시가 예산의 극히 일부인 0.185%, 500억 원 규모를 주민참여예산위원회에 배분하여 주민들이 제안하는 소규모 사업 가운데 일부를 선정해 예산을 지급하는 것은 좀 더 진전된 주민참여예산제의 모습이지만, 이것만으로는 주민공모사업의 수준을 벗어나기 어렵다. 주민참여예산제도가 원래 지향하는 것은 예산안 자체를 시민들이 조정할 수 있게 하는 것이다. 1988년 세계 최초로 주민참여예산제도를 실시한 포르투알레그레 시에서는 예산평의회를 두어 주민이 직접 재원 배분과 우선순위를 결정한다. 이 제도는 1996년 UN의 '세계 40대 훌륭한 시민제도'로 선정되었다. 일본 시키(志木) 시는 2001년 '시정운영기본조례'로 주민참여예산제도가 도입되었는데, 시민대표인 시민위원회와 시키 시가 예산 편성안을 별도로 작성하고 시장이 예산안을 선택하는 방식으로 운영된다. 울산 동구에서 실시되는 참여예산제도는 100여 명의 시민위원회를 중심으로 운영되는데, 시민위원회는 주민건의사업 선정과 예산안 우선순위 결정 등 예산편성 과정에 주민들의 의견을 수렴하고, 시민위원회와 구청이 같이 참여하는 주민참여예산협의회가 예산안을 총괄 조정한 다음, 시민위원회 총회에서 예산편성안을 의결한 뒤 구의회에 예산안 심의를 요구한다.

주민참여예산제의 핵심은 예산안 전체를 주민들이 이중으로 통제하게 하는 것이다. 예산의 극히 일부를 주민들이 제안한 사업에 배분해주는 사업공모 방식을 뛰어넘어 예산 전체의 우선순위를 국민들이 정하거나 바꿀 수 있도록 해야 한다. 주민참여예산제가 실질적으로 시행되려면 울산 동구에서 도입한 것처럼 지방자치단체가 예산안을 편성해 발의하고 지방의회가 예산안을 심의·의결하는 현행의 기본 절차를 유지하면서도 그 전 과정에 주민들로부터 이중 통제를 받도록 하는 절차를 반드시 도입해야 한다. 그렇게 되면 예산안에 지방자치단체장이나 지역 유지, 지방 의원들의 이해관계뿐만 아니라 주민들의 의견이 반영될 여지가 커진다. 예산이 많이 들어가는 중요 사업들이 주민의 입장에서 보면 불필요하고 낭비적인 것으로 판단되어 폐기될 수도 있고, 그 반대도 있을 수 있다. 그 권한을 주민들에게 주는 것이 주민참여예산제의 핵심이다.

지방자치단체뿐만 아니라 국가 차원에서도 정부의 예산편성과 국회의 심의 의결 과정에서 국민의 참여가 보장되게 한다면, 국회뿐만 아니라 국민에 의한 이중 통제가 가능해질 것이다. 반대여론이 매우 높았을 뿐만 아니라 세금 낭비임이 명백한 4대강 사업에 대해 국민참여예산제도를 통해 예산편성 여부를 결정했다면 어떠했을까. 안보에 필요하다는 이유로 철저히 감춰진 국가정보원 등 권력기관의 특수활동비 등도 국회의 담합이라는 방어막이 벗겨지고 나면 더 이상 비밀로만 감춰져 있지 않을 것이다. 특권 해체와 복지 확대의 방향으로 예산안이 편성되고 심의되도록 국민들이 끌고 나갈 것이다. 대통령 공약으로 복지정책을 실시하겠다고 약속해놓고 정작 예산편성

시에는 지방자치단체나 시·도 교육청에 부담을 떠넘겨 지자체 등이 결국 다른 필요한 복지사업을 축소하거나 포기해야 하는 상황까지 벌어지는 일이 사라질 것이다. 국민참여예산제도를 통해 국민들이 국가 예산편성을 강제할 것이기 때문이다. 중앙정부가 지방자치단체 차원에서 실행하려는 복지 확대 사업에 교부세 삭감 등의 통제권을 휘두르며 지방정부의 시도를 가로막는 것도 방지할 수 있다. 공통의 기본적 복지재원은 중앙정부가 전액 담당해 전국 차원에서 고루 집행되게 하고, 지방자치단체는 예산의 자율성을 가지고 지역의 특성에 맞는 복지서비스와 공공사업을 시행해 전국적으로 확대될 수 있는 모델을 만들어나가는 전 과정을 국민참여예산제와 주민참여예산제가 밀고 나갈 수 있다. 국민참여예산에 관한 법률을 만들어 정부의 예산편성권과 국회의 예산심의권을 보장하면서 그 과정에서 국민이 직접 참여권을 확보하는 것이 예산과 관련해 일어나는 충돌들을 근본에서 해결하는 방법이다.

03

국민소환제
: 노동자, 농민, 시민에게 권력을 돌려드리는 것

2006년 10월, 하남시장이 시민 의견 수렴 없이 일방적으로 경기도 광역화장장 유치를 추진했다. 지방자치단체마다 지역 수요에 따른 화장장을 짓도록 하는 제도가 곧 시행되는데도, 하남 지역 발전의 종잣돈을 마련한다는 명목으로 대규모 화장장을 짓겠다고 나선 것이다. 주민들은 강력히 반대했다. 2007년 10월 하남시장과 이에 찬성한 시의원 3명에 대해 전국 최초로 주민소환법에 의한 주민소환 투표가 실시되었다. 그중 시의원 2명에 대해 유권자의 3분의 1 이상이 투표하고 주민소환에 찬성함으로써 이들은 의원직을 상실했다. 광역화장장 유치 계획은 이로써 완전히 폐기되었다. 주민들에 의해 당선되었더라도 위법한 행위 또는 주민 의사에 반하는 독단적인 행위를 한 단체장과 지방의원은 임기 중에라도 주민의 힘으로 그 자리에서 끌어내릴 수 있게 한 주민소환제의 위력을 보여준 사건이었다.

진보정치의 일선에서 가장 하고 싶은 일이 바로 노동자에게, 농민에게, 시민에게 권력을 돌려드리는 것이었다. 이 책에 쓴 법안과 정책들의 핵심은 모두, 노동자·농민·시민에게 각각의 권리가 있음을 시인하고 그것이 보장되도록 하는 데 있다. 헌법 제1조 제2항에는 "대한민국의 모든 권력은 국민으로부터 나온다."고 되어 있다. 권리를 인정받고 권한을 행사해보면, 스스로 후퇴하지 않을 힘을 갖게 된다. 한번 맛본 자유의 기억은 절대 잊혀지지 않는다. 잠시 빼앗기고 밀려나더라도, 그 자유의 기억을 잊지 않는 국민들은 주권자로서 권한을 행사하고 더 확장된 민주주의를 누리겠다는 바람을 갖게 된다. 이것이 국민주권의 원리이고, 이것이 우리 헌법의 정신이라고 나는 믿는다. 민주노동당과 진보당이 펼쳐온 주장의 핵심이 바로 이것이다. 정부가 일방적으로 결정하는 것을 더 많은 사람들이 함께 결정하도록 바꾸는 것은 당연하지만, 국회의원들이나 전문가들만이 결정권을 갖도록 바꾸는 데 머물러서는 안 된다. 지금 국민들이 주인이 되는 것은 오직 몇 년에 한 번꼴로 오는 선거일 하루뿐, 국민들의 의견은 무시되고 공약은 잊혀진다. 이를 극복하고 우리 사회의 다수를 이루는 평범한 사람들, 일하는 사람들이 직접 결정권을 행사할 수 있도록 바꿔야만 민주주의와 평등, 평화가 후퇴 없이 전진할 수 있다. 민주노동당과 진보당은 전문가와 명망가 중심의 정당이 아닌 민중 자신의 정당, 민중 스스로 나서서 만드는 정치를 지향했다. 국민주권의 원리를 현실에서 구현하는 것이 진보정당 주장의 핵심이었다.

그 구체적인 표현이 **국민소환제**다. 민주노동당이 주장해 2006년 도입되어 지방자치단체장과 지방 의원에 대해 실시되고 있는 주민소환제를 대통령과 국회의원에게도 적용하는 것이다. 국민소환제를 도입하면 대통령의 공약 위반, 국회의원의 거수기 노릇도 국민이 통제하고 심판할 수 있게 된다. 국민소환제 관련 법안으로 18대 국회에서는 김재윤 의원안, 19대 국회에서는 황주홍 의원안이 발의되었다. 김재윤 의원안은 주민소환법과 유사한 내용을 국민소환법에도 반영했다. 2013년 8월에 새누리당 정치쇄신특별위원회의 최종보고서에 포함되어 최고위원회에 보고된 바 있고, 2014년 2월 민주당 김한길 대표가 추진하겠다고 한 '국회의원 특권방지법'에 국회의원 국민소환제 도입이 포함된 바 있지만, 양당이 이를 실제로 추진한 흔적은 전혀 없다. 국민소환제에 대한 본격적인 논의는 국회에서 아직 한 번도 이루어지지 못했다.

국민소환제에 대해 일부 헌법학자는 헌법이 대의제를 기본으로 하고 직접민주주의는 명시적 규정이 있는 경우에만 예외적으로 보장한다는 견해로부터 국민에게는 의원 선출권만 있을 뿐 해임권은 부여하지 않았다고 주장한다. 국민소환제가 위헌이라는 말이다. 헌법이 국회의원 임기를 4년으로 정하고 있다는 것도 위헌 주장의 근거다. 그러나 헌법은 제1조에서 국민주권의 원리를 정하고 있다. 대의기관은 주권자로부터 일정한 권한을 위임받아 비로소 직무를 수행할 수 있을 뿐이고, 위임은 위임자의 의사에 따라 철회될 수 있는 것이다. 대의기관이 주권자의 위임 취지에 어긋나게 행동할 때는 주권자가 위임을 철회할 권한이 보장되고 절차가 마련되어야 대의제 자체도 국민주권 원리에 맞게 운영될 수 있다. 헌법의 임기 조항이 국민소환제 도입을 가로막을 수 없다. 우선 임기 조항은 국회의원으로 하여금 무조건 임기를 다 채우도록 보장하는 것이 아니다. 국회의원이 임기 도중에 사퇴할 수도 있고 심지어 자신을 뽑아준 유권자도 아닌 '선배·동료' 국회의원들에 의해 제명당하기도 하지 않던가. 재판으로 형벌이 확정되면 벌금만 받아도 법률에 따라 임기 중에 의원직을 잃기도 한다. 위임의 원천인 주권자의 소환으로 의원직을 박탈하는 것 역시 법률로써 정할 수 있다. 국회의원 임기를 헌법에 정한 것은, 국회 스스로 의원 임기를 연장하는 법률을 제정할 수 없게 한 것이다. 국민투표를 통한 헌법 개정으로만 임기를 연장할 수 있다는 취지다. 국민소환제 도입은 헌법 개정 없이 국민소환법 제정으로 가능하다. 국민소환은 부당한 행위, 무능력에 대해서까지 정치적 책임을 묻는 것으로 그 사유도 폭넓게 허용되어야 한다. 주민소환법상 소환의 사유가 위법 행위에 한정되지 않는 것에 대해서는 이미 헌법재판소가 합헌결정을 내린 바 있다.

국회의원뿐만 아니라 대통령도 국민소환의 대상이 되어야 한다. 대만과 베네수엘라는 이미 대통령에 대한 국민소환제도를 운용하고 있다. 대통령은 임기 중 형사소추를 면제받는다는 헌법 규정이 있지만, 정치적 책임까지 면제되는 것은 아니다. 위법 행위에 대해서는 국회의 탄핵으로 그 직위를 박탈당할 수 있다. 국민주권의 원리에 충실하려면 대통령을 직접 투표로 선출한 주권자가 대통령 소환권을 가지고 정치적 책임을 물을 수 있어야 한다. 대통령까지 소환 대상에 포함되어야 우리 국민은 주권자로서 지위를 되찾게 될 것이다. 이명박 대통령이 집권하자마자 미국산 쇠고기 수입, 용산참사, 4대강 사업 등 국민들에게 큰 충격을 가져다주는 일들이 연이어 강행되고 박근혜정부는 노동법 개악, 역사교과서 국정화 등을 강행하지만 국민들은 어쩔 도리조차 없이 집회마저 가로막힌 채 울분만 삼켜야 하지 않나. 이것이 어떻게 헌법 제정 권력인 주권자의 모습인가. 국민소환제 도입은 국민을 주권자의 지위로 돌려놓는다. 자신이 앉아 있는 자리가 본래 제 것이 아니라 국민들이 잠시 빌려준 것에 불과함을 깨달은 사람만이 그 자리에 앉을 자격이 있다. 주권자에게 자신을 밀어낼 힘을 쥐어주려는 정치세력만이 신뢰받을 가치가 있다.

04

그날이 너무 늦게 오지 않기를

그러나 선거일 하루만 주권자일 뿐인 국민들의 처지를 1년 365일 주권자가 될 수 있게 바꾸려던 진보당은 정권의 '종북몰이'로 손쉽게 국민들로부터 격리되었다. 노동자와 농민의 손에 권력을 쥐어주자는 말은 헌법재판소에 의해 노동자·농민이 아닌 사람은 주권을 제한당하는 '프롤레타리아 혁명 선동'으로 짜깁기되었다. 헌법의 죽은 문자에 불과했던 국민주권의 원리를 현실에서 살려내기 위해 애썼던 진보당의 시도는 북한식 사회주의를 대한민국에 이식하려는 숨은 목적을 가진 주도세력의 폭력혁명 기도로 낙인찍혀 좌절되었다.

진보당이 해산당한 뒤에도 진보당원이었거나 진보당과 관련 있었다는 것만으로도 색깔론 공격은 여전한데, 오히려 진보당이 실제 하려 했던 일들은 무척 빨리 잊혀져간다. 그 새롭고 진지한 시도들이 세상의 기억에서 사라져 버려지는 것이 몹시 안타깝다. 수많은 이들의 땀과 눈물과 노력의 결실들이 흩어진 그대로 낡아갈 것만 같아, '버리기 아까운 진보정책'들을 나의 기억 속에서 꺼내 모아놓는다. 본래 내 것이 아니었기에 땀과 눈물의 주인공들에게 돌려드리기 위해 내어놓는다. 이 정책들이 다시 제안되고 의논될 날이 올까. 누군가는 또 말하고 시도하리라 믿으려 한다. 평생 뼈 빠지게 일해도 내 아이에게 물려줄 것이라고는 남아 있지 않더라는, 결국 세상을 바꿔주는 것밖에 없겠다 싶어 나이 오십 넘어 노조 만들겠다고 나섰다는 한 비정규직 노동자의 말을 잊을 수 없어서. 그날이 너무 늦게 오지 않기를 바랄 뿐이다.

겨울여의도 /2011

맺음말

진보당이 해산당했고 나는 패배했다. 진보정치의 결실을 송두리째 빼앗긴 내게 돌아올 몫은 오직 무거운 책임뿐이다. 나의 잘못이 없었다면 10만여 명의 당원이 15년 동안 지키고 만들어온 정당, 한때 200만 명이 넘는 국민의 지지를 받은 정당이 어찌 이리 처참히 무너졌겠는가.

2012년, 진보당을 만들며 처음 맞은 약진의 기회에 분출하는 서로의 욕심들을 가라앉히고 이름 없이 먼저 나서서 헌신하던 진보정치의 첫 마음을 되살려냈더라면, 초기의 갈등을 수습하고 신뢰를 쌓는 데 대표로서 전력을 기울였더라면, 이 실패는 피할 수 있지 않았을까. 진보당 통합이 헌신의 마음을 모으는 일이 되지 못하고 더 큰 이익을 기대하는 통합에 그치고 만 결정적인 책임이 나에게 있다. 내가 앞서 상대에게 헌신하지 않았는데 어떻게 진보정당다운 통합을 기대할 수 있었겠는가.

나와 동료들에게 가해진 허위의 공격에 침묵할 수 없어도, 당이 갈라지는 사태만은, 중앙위 폭력사태만이라도 무릎 꿇어서라도 막았더라면 지금의 결과가 이렇게까지 참담하지는 않았을 텐데. 되돌릴 수만 있다면 되돌리고 싶은 시간들이었다. 파국을 막지 못한 책임은 역사 앞에 너무나 무거운 것이다. 내부의 갈등을 파고 들어온 외부의 공격은 진보당을 국민들과 지지자들로부터 철저히 고립시켰다. 상상조차 할 수 없었던 내란음모 조작과 헌정 사상 최초의 정당해산 청구에 맞서 사회 각계 단체들과 인사들이 함께 나서주셨지만, 몇 년에 걸쳐 집요하게 계속되어온 '종북 정당'이라는 공격을 이겨낼 수 없었다. 결국 진보당은 해산당하고 말았다.

실망하고 기대를 거둔 분들 앞에 고개를 들 수 없다. 등 돌린 분들의 가슴에 난 상처들, 내 탓이다. 그 어떤 능력도 없었던 데다 이제 자격조차 잃었다. 타인에 대한 원망은 시간과 함께 줄어드는데, 나 스스로에게 돌아오는 질타는 더 커지기만 한다.

진보당이 해산되고 종북몰이가 한국 정치를 횡행하는 동안, 정치권은 여야 모두 보수로 중도로 향했다. 진보를 자처하는 정당도 더 이상 진보적 대안으로 자신을 설명하지 않는다. '종북' 진보당과 다르다는 것이 요즈음의 자기소개 방법이다. 헌법 안의 진보로 처신해야 살아남는다. 차세대 진보로 칭송받으려면 무조건 반대만 해온 운동권 진보를 질타하면서 타협도 양보도 할 줄 알아야 한다고 말문을 열어야 한다.

2000년 민주노동당 창당부터 2014년 진보당 해산까지 15년, 그 절반의 시간을 함께하면서, 나는 혐오의 대상인 한국 정치에 진보정치 희망의 새싹을 심는 장면들을 가장 가까이에서 보았다. 법안으로, 정책 제언으로 표현된 그 새싹들은 진보정당을 만들어준 노동자와 농민, 민주시민들에게 바치는 진보정치의 꿈과 사랑의 결정체였다. 장차 이 새싹들이 자라나 무성한 나무가 되면 세상을 바꿀 망치로 쓰일 것이었다. 가슴이 뛰었다. 그 망치가 세상을 바꾸는 것만큼 인간에 대한 믿음과 더 좋은 세상을 향한 희망이 사람들 속에서 자라날 것이기에.

어떤 마음의 준비도 없이 뛰어든 진보정치였지만, 민주노동당과 통합진보당의 이름을 후회해본 적 없다. 그러나 나와 우리를 바라보는 눈길에 과격한 운동권 정당이라는 색안경이 씌워져 있다고 느낄 때면, 근본적 대안을 말하는 것보다 작은 진전이라도 이루는 것이 현실에서 더 의미 있는 것 아닐까 고심이 끊이지 않았다. 종북정당이라는 배제와 멸시에 부딪히면서는 나조차 자기 검열과 위축에서 벗어나기조차 쉽지 않았다. 나서지 않는 것이 돕는 것이라는 무언의 시선들은 하나하나 화살로 박혔다.

지독한 고통 속에서 곱씹었다. 진보정치의 존재 가치는 무엇인가. 진보정치는 누구 옆에 있어야 하는가. 노동자와 농민, 시민들의 손에 그 스스로 직접 세상을 바꿀 도구를 쥐어주는 것이 진보정치 본연의 의무임을 줄곧 되새겼다. 이것이 진정한 국민주권의 원리라고 생각했다. 노동자들을 타협으로 이끌어 합리적 진보로 평가받으려 하지 않았다. 삶의 결정권을 빼앗긴 채 생존마저 위협당해온 노동자·농민·서민들이 더 이상 떠밀려 쓰러지지 않게 하는 버팀목이 되는 것이 진보정당의 첫 번째 의무라고 여겼고, 이들이 타협하고 양보할 힘을 가질 만큼 성장하는 데 진보정당이 밑거름이 되기를 원했다. 평화통일의 길을 넓히기 위해서라면 가시밭길이라도 가야 한다고 생각했다. 진보정치란 헌법 안에 갇히는 것이 아니라 헌법의 틀 자체를 확장·발전시키는 것이기 때문이다.

진보를 복기하다

우리에게 돌아오는 것은 흔히 완전한 외면이었지만, 아무리 괴로워도 진보정치 본연의 의무를 포기할 수는 없었다. 현실 가능성을 이유로 후퇴하는 것이 정치권은 물론 노동·시민사회에서도 상식적인 행동처럼 되어버렸지만, 우리는 더 원칙적인 접근, 더 근본적인 변화를 추구했다. 정치권에서 불가촉천민이 된 지 오래, 가까이 해서는 안 되는 존재들이 만들어내는 더 근본적인 내용의 법안은 서명해주는 의원을 구하지 못해 몇 달이고 발의조차 되지 못한 채 허공을 떠돌아다니곤 했고 끝내 묻혀버리기도 했다. 이 책에 실린 법안들은 이것만으로는 진보정치의 종합적 청사진이라거나 핵심이라 할 수는 없지만, 바로 그런 가장 힘겨운 상황에서 더욱 근본적인 진보의 대안을 담고 심어진 새싹들이다.

이 법안들과 정책들이 현실이 되면, 노동자가 일하다가 죽지 않고 농민이 논밭 갈아엎고 농약을 마시지 않을 터다. 이 법안들은 노동자에게 위험한 작업을 중지할 권한을 부여하고, 죽음의 일터에 노동자를 몰아넣는 사용자는 존재할 수 없게 하여, 노동자와 사용자가 인간으로 공존할 수 있게 할 것이기 때문이다. 농민에게 농작물 가격 결정권을 주고, 소비자에게 안정된 가격으로 안전한 농산물을 먹을 권리를 보장하여, 서로 머리를 맞대고 한국 농업의 미래를 설계할 것이기 때문이다. 나는 지금도 꿈꾼다. 이 법률안들이 시행되면 사회의 흉기가 된 종편들은 문을 닫아야 할 것이고, 국정원은 해체

되고 정치공작은 종말을 고할 것이며, 비리와 독선의 거수기 국회의
원들은 소환당할 것이다. 언론과 국정원과 비리 정치인들에게 장악
당한 권력이 비로소 시민의 손으로 되돌려지는 순간이다. 4대강의
보는 해체되고, 개발독재와 환경 파괴의 더러운 욕심과 독단은 똑똑
히 심판받을 것이며, 강에 깃든 생명들은 그 천연의 터전을 되찾고
사람들은 민주주의를 다시 키워낼 것이다. 70년 동안 멈춰 있을 뿐
끝나지 못한 채 때마다 적대의식과 종북몰이를 불러온 전쟁은 드디
어 끝을 맺을 것이고, 평화의 신념은 존중받을 것이다. 이 법안들의
효과는 단지 누구에게 돈 몇 푼을 더 주거나 위기에서 탈출시키려
는 데 그치지 않는다. 인간이 인간다움을 되찾게 하는 것, 서로 믿
고 협력할 수 있는 세상은 온다는 희망을 키우는 것이 이 법안들이
가져올 가장 중대한 변화다.

이 책에 담긴 법안들은 현장의 노동자·농민, 지역의 당원들, 시민사
회단체들, 당 정책연구원들, 국회의원과 보좌진들까지 많은 분들의
눈물과 땀과 목소리로 만들어진 것이다. 그 수고와 정성을 온전히
드러내지 못해 무척 죄송스럽다. 나의 경험에만 기초하여 골라낸 것
인 데다 여럿이 생각하는 중요성이나 의미와 무관하게 나의 시각으
로만 서술한 것이라 미흡한 점이 있을 수밖에 없다. 부족하지만 토
론의 한 과정으로 받아들여주시기를 부탁드릴 뿐이다. 글쓴이가 담
아 내지 못한 삶의 깊이를 그림으로 채워낸 박홍규 화백께 깊이 감

사드린다. 이 책을 위해 새로운 작품 창작까지 맡아준 박 화백의 노고는 내게 더없이 큰 격려였다. 어려운 시간을 함께 보내온 신석진, 김정엽, 고유경, 이상민, 이소희 씨가 이 책을 쓰는 데도 동료로서 큰 도움을 주었다. 그들의 앞날이 새로운 세상을 여는 값진 시간이 되기를 바라는 것으로 감사의 말을 전한다.

03

정치인의 뒷덜미에는 크고 작은 숱한 이해관계의 줄들이 얽혀 있다. 보이지 않게 정치자금을 대주는 재벌과 유지들의 관리 대상에 들어 있지 않은 정치인이 얼마나 될까. 대가는 알아서 청문회에서 빼주는 것이면 되고, 명분은 경제 살리기와 국익이면 충분하고, 뇌물 죄며 정치자금법 위반 따위를 빠져나갈 대비책은 이미 마련되어 있다. 돈 있고 권력 있는 사람들을 위한 법안 발의는 정당이나 국회의원이 나서지 않아도 정부가 알아서 해준다. 초고속 급행열차 부럽지 않다. 그러나 돈 없고 권력 없는 사람들에게 그의 권리를 찾게 하는 법안들은 발의에 필요한 의원 열 명 채우기도 어렵고 정부와 거대 정당들로부터 아예 외면당하기 일쑤이며 결국 임기만료로 폐기되고 만다. 별 공격이 없으면 현실 가능성도 그만큼 없다는 말, 현실화될 가능성이 조금이라도 생기면 그 법안을 낸 의원은 과격 운동권, 현실감각 없는 사람, 반기업 정치인으로 지명된다. 마찬가지다. 의미 있는 정치세력으로 뭉쳐질 만하면 종북으로 몰린다. 험한 꼴 안 당하려면 다른 정치인들 하는 것처럼 적당히 양비론을 펴고 적절히 온화한 어조로 대화와 타협을 말하며 지역구 예산 더 끌어와 재선 준비하는 것이 최선이다.

이 책에 담긴 법안들은 주목조차 받지 못하고 무시당한 것, 또는 주목받게 되어 비난을 불러온 것들이다. 억울한 사람들이 직접 자신의 삶을 지킬 수 있게 하는 법안의 운명은 이 둘 중 하나다. 여론의 주목을 받으려 무한경쟁을 벌이고 비판을 피하려고 다들 뒤로 숨는 지금, 정치인이 무시 또는 비난을 감수하고 이런 정책을 낼 동기는, 사랑 말고는 없다. 아픈 사람들을 사랑하고 또 사랑해야만 그들을 위해 사회 구성원들을 설득할 용기를 낼 수 있다. 그저 그들에게 돈 몇 푼 받게 하기 위해서라면, 완고한 편견과 교묘한 반론들의 터널을 어떻게 통과할 수 있을까. 정직하게 땀 흘려 살아가는 사람들을 향한 사랑이어야 제대로 된 정치다. 진정한 진보가 아니고서는 이 사랑을 간직하지 못한다. 욕심에 자신의 이름과 능력을 팔고 현실의 벽 앞에 포기하는 것이 쉽고 흔한 세상 아닌가.

사랑하기에 진보다. 포기할 수 없는 이유, 사랑하기 때문이다. 사랑하므로 꿈꾼다. 그리고 받아들인다. 서툴고 거칠어 상처만 입힌 사람, 가까이 두지 않으려는 마음들을, 사랑하기에 받아들인다. 그래서 아프다. 어떻게 사랑해야 할까, 아직도 다 알지 못하니. 약속할 수 있는 것은 오직 하나, 새로운 세상은 반드시 온다는 믿음만은 버리지 않겠다는 것뿐.

04

진보당은 정치의 현실에서 제거되었다. 그러나 애써 심어놓은 진보정치의 새싹마저 흔적 없이 사라지게 해서는 안 된다. 한때라도 진보정치에 기대를 주셨던 분들께, 이 법안들에 간직된 진보정치의 꿈과 사랑만큼은 다시 봐주시기를 호소드린다. 이 법안들이 실현되고 서로가 서로에게 아름다운 존재가 되는 세상은 꼭 올 것이라는 희망을 키워주시기를 바란다.

나는, 우리는 그 새싹을 심는 것밖에 하지 못했다. 앞으로 나아가기는커녕 벼랑으로 떨어지는 사람들 곁에 있는 것밖에 할 수 없었다. 그 일이라도 피하지 않는 것이 진보정치의 최소한의 의무라고 생각했던 국회의원들이 당을 해산당하고 의원직을 빼앗긴 뒤 지금 직면한 것은 이어지는 형사처벌이다. 귀족노조라고 매도당하던 철도노동자들이 철도민영화 반대 파업 중에 체포당하는 것을 막으려다가, 한미 FTA 강행 처리에 항의하다가, 조작된 내란음모와 이미 없어졌어야 할 국가보안법도 모자라, 터무니없는 정치자금법까지 우리를 옭아맨다. 이를 모두 감당하는 것까지가 우리들의 역할이었던 것일까.

진보정치의 분열과 좌절에 실망한 분들에게, 또한 해산된 정당이라는 낙인이 찍힌 채 손발이 묶인 분들에게, 당을 대표했던 사람으로서 저지른 많은 잘못을 머리 숙여 사죄드린다. 차마 용서를 구하지 못한다. 그저, 살아가려 한다. 아픈 비판과 질책도 계속되는 수사와 재판들도 그대로 받아들이면서. 나의 잘못을 딛고 넘을 뿐 진보정치는 멈추지 않을 것이라는 희망만 품고. 보이지 않는 곳일지라도, 가슴속에 함께 품었던 꿈과 사랑만은 잊지 않고.

이정희

오늘은 봄비가 내렸습니다
오늘은 봄비가 내렸습니다

여러분 혁명의 주체로 가는 길은 외로와도 힘들어도 거름을 붓겠습니다

홍매화 /2011

버리기 아까운 진보정책들

• 이 책에 언급된 발의 법안들은 다음과 같다.